Vigyan Bhairava Tantra

112 Meditations for Self Realization

ヴィギャン・バイラヴァ・タントラ

悟りに至る112の瞑想法

ランジット・チャウドリ 著
Ranjit Chaudhri

喜多 理恵子 訳

ナチュラルスピリット

112 MEDITATIONS FOR SELF REALIZATION
by Ranjit Chaudhri

Japanese translation published by arrangement
with Prakash Books India Pvt. Ltd.
through The English Agency(Japan) Ltd.

謝辞

はじめに、本書を書くためのインスピレーションと力と叡智を与えてくださった神に感謝します。

本書を書くにあたり、力を貸してくださった方々へ。原文について助力くださったウダイ・バナジー教授、出版に力を貸してくださったマイナ・バガト夫人とガガン・ダース夫人、私を支え励ましてくれた妻のプリヤ、原書の美しいイラストを描いてくれたヴァレズ・ダディナ氏、編集にあたってくださったアンジャナ・シュリバスタバ氏。

また、S・C・マータブ氏、バワニー・マータブ氏、モナ・プーリー氏、サンディープ・ジャーラン氏にもお世話になりました。

皆さんへ、心から感謝します。神へ、愛と感謝をもって。

ヴィギャン・バイラヴァ・タントラ——悟りに至る112の瞑想法　目次

イントロダクション

本書『ヴィギャン・バイラヴァ・タントラ』（*"Vigayn Bhairava Tantra"*）は世界でも最も重要な聖典で、**神**に到達する方法を伝えるものです。ヨガの高次の側面として私たちの悟りと幸せの探究を扱う、二つの重要な古代聖典が存在します。パタンジャリの『ヨーガ・スートラ』は賢人パタンジャリがヨガを教えるもので、もう一つがこの、**神**がヨガを教えるこの『ヴィギャン・バイラヴァ・タントラ』です。その文章は主に悟りについて語っていますが、幸せについて語る内容は実に素晴らしく、私たちの人生経験を完全に変えてさらにいいものにする可能性を備えています。

『ヴィギャン・バイラヴァ・タントラ』には自己実現のための１１２の瞑想が含まれています。これらの瞑想は、**神**から与えられたものです。そして、すべての人のためのものです。すべての時代のあらゆるタイプの人に向けて、１１２のテクニックがあるのです。そのうちのいくつかは過去に生きていた人々のため、そして別のいくつかは未来に生きる人々のためのものです。

この112の瞑想はあらゆる性質と気質に配慮されており、あらゆる種類の人々が用いることができます。あなたにぴったりの理想的なテクニックが、少なくとも一つは見つかります。そのテクニックは、あなたを神の元に速く辿り着かせることでしょう。『ヴィギャン・バイラヴァ・タントラ』は、シンプルに『ヴィギャン・バイラヴァ』と呼ばれる場合もあります。ヴィギャンとは、知識あるいは理解という意味です。本書では、ときおり意識とも翻訳されています。バイラヴァは神を意味します。ヴィギャン・バイラヴァは神の知識、あるいは神意識という意味です。ここではどちらの意味も当てはまります。この原典は、完全に神を知り、理解する方法を教えています。私たちは神に到達した時、あるいは神と一体となった時にはじめて神を完全に知ることができます。『ヴィギャン・バイラヴァ』は、神と一つになる112のテクニックを伝えているのです。

本書はシヴァ神と彼の配偶者パールヴァティ、つまり男神と女神の対話です。女神は、実際には男神と分離していません。ここでは、彼女は人間を助けるために分離した存在として姿を現しています。彼女は、悟りを追求する私たちが尋ねるような質問を男神に問いかけます。その中で、シヴァ神は悟りに至るための112の瞑想を与えています。現在実践されている瞑想テクニックの大半は、何らかの形でこの『ヴィギャン・バイラヴァ・タントラ』に示された瞑想から由来したものです。この文章は、カシミールの人知れぬマスターに明かされたもののようです。ほとんどの瞑想が、美しいほどシンプルです。優れた知性がなくても理解したり実践したりすることができます。ですが、そのシンプルさに騙されないでください。これらの瞑想は、永遠の扉を開きます。真理はいつもそうですが、シンプルながら、生命の神秘の鍵を解く力を備えています。

『ヴィギャン・バイラヴァ・タントラ』はカシミール・シヴァ派というヨガとタントラの形式に属します。カシミール・シヴァ派は非二元、あるいは一元論の哲学です。個人が存在し、**神**が存在します。個人は**神**から分離しており、人生の最後に**神**の審判を受けます。したがって、宗教においては私たち（個人）は**神**から分離しており、個人同士にも区別があります。非二元の哲学においては、私たちは**神**から分離していませんし、個人どうしの分離もありません。あるのはただ「一つ」、**神**のみです。**神**以外の現実はありません。私たちが互いに分離しているように見える事実は、幻想です。私たちの感覚器官は、完全な全体像を示しません。奥深いところで、私たちはみな繋がっているのです。例えば、私たちは木々とは別の存在であるように見えます。人間は、皮膚を身体の境界線と定義しています。同様に、木はどこから始まりどこで終わるかを知っています。人間は、木から分離しているように見えます。ですが人間は酸素を吸い、二酸化炭素を吐きます。木々はその反対を行います。私たちは今、森林や環境を破壊することはまさに私たち自身を破壊することなのだと理解し始めています。もし木々がなければ、私たちはこの地球で生き残れません。ヨガとタントラは、何世紀も前からこれを理解していました。ヨガとタントラは、すべての生命形態は深く繋がっていることを教えています。私たちはみな**神**の一部です。**神**から離れた現実など、存在しないのです。

『ヴィギャン・バイラヴァ・タントラ』には実用的な知恵がたくさん盛り込まれています。そのメッセージは、私たちの日々の暮らしに適用するためのものです。私たちの生活に平和と喜びをもたらす方法を、直接私たちに示しています。二千年以上前に書かれたものですが、そのメッセージは不変です。すべての時代に向けて書かれたものなのです。

その対話は、**女神**が**神**の本質について尋ねるところから始まります。その答えは驚くほど早く、15節目で示されます。15節は、私たちの心が静止し思考から解放されている時に、私たちは**神**の喜びを自分の内で経験できると説明しています。言い換えると、私たちが心を静めれば解放に到達するということです。この文章やカシミール・シヴァ派は、**神**との一体化は二つが合わさることではなく、一なるものが合わさることだと言います。心が静まった時、私たちのエゴは消え、**神**の状態が私たちの中に現れます。解放は、私たちの本質の目覚めに過ぎないのです。

この本には偉大な実用的価値があります。幸福を探し求める私たちの根本的な問題点を扱っているからです。シヴァ神は、私たちは誤ったところに幸せを見出そうとしていると指摘します。私たちは外の世界ではなく、内に永遠の幸せを見つけるのです。内で経験する至福は、外の世界から得られるどんなものも遥かにしのぐ、素晴らしいものです。外界は必ず変化し、喜びと苦しみのサイクルが続きます。どちらか一方を得れば、必ずもう一方もやってきます。私たちの人生の外的条件を完全にコントロールすることも不可能です。一つの問題を解決すると、別の問題が生まれます。平安と幸せに至るためには、人生の外的状況に完璧を求める（不可能）のではなく、私たちの心をコントロールし、外的条件に乱されないようになることです。状況や問題が私たちを苦しめるのではありません。それらに関する私たちの思考が、苦しみを生じさせるのです。その思考を取り去れば、私たちは平穏を得ます。心をコントロールすることができるにつれ、私たちはより大きな平安と喜びを体験するようになります。心が完全に静まっている時に、私たちは至福を経験するのです。

悟りを追求するのであれ、幸せを追求するのであれ、その鍵となるのは心のコントロールです。そのための１１２の瞑想なのです。原典の中で、瞑想はゆっくりと始まります。はじめのいくつかは座っての瞑想で、目を閉じて座って行います。そして突然、43節よりギアがシフトアップし、まったく別のレベルに入ります。私たちの信念が私たちの現実を生むという概念が導入されます。私たちの信念をいくつか変えれば、私たちは自分を解放できるのです。この本は、この原理にしたがう瞑想を多数、伝えています。私たちの信念が私たちの現実を作っているという原理は、実践面でたくさん応用することができます。私たちは、人生の外的環境を生じさせた元の信念を変えることで、それらの環境を変えることができるのです。

この本には、私たちの人生に対する認識を変えるような瞑想も載っています。これらの瞑想は私たちの認識の仕方、ものの見方を変えるのです。このプロセスは私たちをもっと高次の現実に目覚めさせ、私たちの行動を即座に変えます。例えば100、107、124節は、私たちの中に存在する「**神**」はすべての人の中にもいると説明します。特別な人などいないということです。私たちがどれほど裕福か、知的か、成功しているか、進化しているかは関係ありません。どれ一つ、私たちの優劣を決めるものではありません。この真実を理解すると私たちはより謙虚になりほかのすべての人に対する行動はおのずと変わります。

私たちを夢の状態から目覚めさせ、より高次の現実に私たちを進ませる素晴らしい瞑想は他にもたくさん紹介されています。

瞑想の後、**男神**と**女神**の対話は続き、非二元の哲学の一定の側面が話し合われます。本の締めくくりには、最後の瞑想が与えられます。この瞑想は、特別なものです。他のすべての瞑想がたとえ失敗しても、この最後の瞑想は必ず成功します。簡単に行うことができ、すべての人がうまく瞑想できます。

『ヴィギャン・バイラヴァ・タントラ』はタントラの文章なのか、それともヨガの文章なのかよく尋ねられます。その答えは、両方です。元来はヨガについての文章ですが、そのヨガはもともとタントラの一部でした。したがって、タントラの文章でもあります。タントラには、他にヨガとは無関係の儀式や実践が多く含まれています。現在、タントラはセックスに関するものだと誤解されていますが、そうではありません。

タントラの主眼は、悟りです。ここで示される112の瞑想のうち、悟りの手段としてセックスを使用する瞑想は三つだけです。

私は、カシミール・シリーズの原典研究に載せられているサンスクリット語の原文を主に信頼して翻訳を行いました。原文はすべて連なっていますが、本書では三つのパートに分けました。第1章は**男神**と**女神**の間で始めの質問と回答が交わされます。第2章は**神**から与えられた112の瞑想が伝えられます。第3章は**男神**と**女神**の間で最後の質疑応答が交わされます。

第1章

質問

実在ではないものから、私は実在に導かれる。闇から、私は光に導かれる。死から、私は不死に導かれる。

――『ブリハッド・アーラニヤカ・ウパニシャッド』

まず最初に、『ヴィギャン・バイラヴァ・タントラ』は愛の物語であることを理解せねばならない。これは深く愛し合う**男神**と**女神**、シヴァとパールヴァティの対話である。重要なのは愛に重点が置かれていることで、愛を通していくつかの重要な真実が伝えられている。私たちは、愛を通して**神**を理解し、**神**を知ることができる。愛している時にこそ、私たちは**神**に到達することができる。それも、無条件の愛でなければならない。クリシュナは『バガヴァッド・ギーター』でこのように伝えている。

愛によってのみ、人は私を見ることができ、私を知り、私の元にくることができる。(11:54)

他の宗教伝統でも、愛は強調されている。ブッダは法句経において、愛を通して語ることのできない推定的真実は、真実ではないと説いている。そのため、すべての偉大なタントラの文章は愛の言語として、**男神**と**女神**との対話形式で書かれている。

師と弟子の間の愛も重要である。ここでは**女神**はすべての人類を助けるために、弟子の役割を演じている。弟子が何か新しいことを学ぶ時、その弟子は**神**について持っている知識を一時的に捨てることが大切である。そうすることで、弟子は師の知識を受け取ることができるのだ。

古い禅の物語に、ある弟子が、知恵を授かりに師の家を訪ねるという話がある。まず、師は弟子にお茶を勧める。その時師は弟子の茶碗にお茶を注ぎ続け、やがてお茶が茶碗から溢れ出す。弟子が師になぜそんなことをするのか尋ねると、師はまず弟子が自分の知識の「茶碗」を空にしなければ、師がそこに何も入れることができないのだと伝えたという。

弟子が師を愛していれば、師の知恵が自分の知恵といかにかけ離れていたとしても関係なくそれを受け入れようとする。師を愛していれば、弟子は師を信頼し、信じている。そうして**神**に到達するために役に立つ、何か新しいものを試そうという気になる。

最終的に愛が重要なのは、愛している時、私たちは二元性を超越して一体感を得ているからだ。二人の人間が深く愛し合うと、個々のアイデンティティの感覚が消えることがある。深く愛している時、人はエゴを手放し、一人間というアイデンティティから離れる。**神**に到達するためには、人は個人としてのアイデンティティを超越せねばならないが、愛すると、この超越は自然に起きる。

女神が言った。

1

すべては男神と女神の結合に起源を発すると聞いています。トリカ体系（三位一体の神学・存在論）の本質から、すべての詳細もです。ですが、おお神よ、今も私の疑いは晴れません。

女神がここで言っているのは、『ルドラヤマラ・タントラ』（“*Rudrayamala Tantra*”）も含む解放についてのタントラ聖典のことである（すべては男神と女神の結合に起源を発すると聞いています）。ルドラヤマラは文字通り、神と、神の反対（女神）の一体化を意味する。『ヴィギャン・バイラヴァ』は本来は『ルドラヤマラ・タントラ』の一部だった。『ルドラヤマラ・タントラ』の聖典は大半が失われている。トリカ（三位一体）体系はカシミール・シヴァ派の哲学のことである。女神は、タントラの聖典のすべてを聞いたが、それでも疑いは晴れていない。

2

おお神よ、あなたの真の本質は何ですか？　言葉の集まりでしょうか？

これが**デヴィ**、あるいは**女神**が**男神**に尋ねる第一の質問である――あなたの真の本質は何ですか？　答えを待たず、**女神**は自分で答える。彼女の答えはカシミール・シヴァ派の他の聖典からのものである。**女神**は**神**から分離していないことを理解することが重要である。彼女は純粋に真理を求める探究者のために、ここでは**神**から分離した姿をとっている。彼女は、ヨガとタントラのすべての生徒に代わって、すべてのタントラ聖典を読み終えた者さえ尋ねるような質問を尋ねている。

言葉の集まりでしょうか？　これは文字で表される理論を指している。宇宙のあらゆる構成要素が、いかに形成されるかを文字で説明しているものが理論である。

3

あるいは、神の本質は九つの異なる形から構成されているのですか？　それとも、三つの異なる頭または三つのエネルギーの組み合わせなのでしょうか？

三つのエネルギーとは**神**の三つのエネルギー、**至高エネルギー**、中位エネルギー、下位エネルギーのことである。エネルギーは、**神**の創造的側面である。**神**は**エネルギー**を通して宇宙と、宇宙の中のすべてを創造する。タントラでは、**女神**がエネルギーである。サンスクリット語のシャクティという言葉は、時によって**エネルギー**、または**女神**と翻訳される。**エネルギー**という言葉と、**女神**という言葉は入れ替えて使うことができる。至高エネルギーは、**神**と**女神**が一つの状態を指しており、二者に区別はない。中位エネルギーは、**神**へ回帰する個人の手段として用いられる。下位あるいは低位エネルギーは、個人と宇宙のすべての個別形態を指す。この三つのエネルギーはより一般的には**神**、**女神**、個人として、あるいは**意識**、**エネルギー**、物質と考えられている。重要なのは、どれもすべて、一つの**エネルギー**であるという理解である。この一つの**エネルギー**が異なる形や特徴を帯びる。最高次の形は、至高**エネルギー**と呼ばれる。個人あるいは物体の形を持つと、下位エネルギーである。だがすべては、あらゆる異なる側面を見せる一つの**エネルギー**である。

4

あるいは、あなたは音や点は半月で構成されているのですか？　あなたの本質は、チャクラを上昇するあのエネルギーですか？　それとも母音のない音ですか？

音とは、すべての言葉に存在するエネルギーのことである。点とは、すべての物体に存在する光のことである。霊的伝統に、すべての創造物は音と光から生まれると信じているものがいくつか存在する。半月とは曲線を含む形に現れるエネルギーのことである。チャクラを上昇するエネルギーと母音のない音は、神に到達するために使用される瞑想テクニックのことである。

5

中位と下位のエネルギーを分割することはできますか？　もしそれも至高（超越）エネルギーの本質であり、分割もできるなら、超越とはいえません。

6

至高の存在は、決して色や体で分割されません。至高の存在は不可分でありながら、部分の合成でもあるとはどういうことですか？　おお、主よ、慈悲をお与えください。私の疑いを払拭してください。

この二つの節で、女神はタントラ、非二元の哲学の中核的信念に迫っている。中位エネルギーと下位エネルギーを分割することはできますか？　女神は、個々の生命形態（下位エネルギー）はそれぞれ分離しているのかどうかを尋ねている。それらは分化できるのか？　それらは互いに異なっていて、分離しているのか？　私たちは確かに、分離した異なる存在として互いを見ている。もし答えがイエスで、私たちが互いに分離しているなら、私たちの中に神がいるとなぜ言えるのか？　それは本質的に、私たちは神（至高エネルギー）でしかないと？神はいろいろな色や体、いろいろな部分に分離することはできない。神は全体であり、不可分である。では、この二つの反対の真実をどのように調和させるのか。一方では、タントラは私たち（個々の形態）はみな神の一部である、あるいはみな神で満たされているといっている。だがそれぞれの形や生命形態はお互いから分離している（ように見える）。だが、神を分離した形や部分に分けることはできないのだ。

至高の存在は不可分でありながら、部分の合成であるとはどういうことですか？　女神は、もし個々の形が互いに分離しているなら、私たちは神でできているとは言えない、なぜなら神は分割できないからだと伝えている。この個々の形態は何か別のものから構成されているはずだ。それなら、私たちは神から分離し、互いに分離しているのか？　女神は基本的に、二元的伝統の論点を提示している。これらの伝統や宗教は、私たちは神から分離している、お互いは違っていると教えている。端的に言うと、神は不可分なのに個々の形はなぜ分離しながら神の一部でいられるのかを女神は尋ねているのだ。

神は言った。

7

素晴らしい！　素晴らしい！　親愛なる者よ、あなたはタントラの本質を問うている。

女神は二つの質問を尋ねた。あなたの真の本質は何か（２節）、神は不可分であるのに、個々の形は分離（可分）していながら神の一部でもあるとはどういうことか。

8

親愛なる者よ、これはとても理解し難いかもしれないが、説明しよう。神の分割された形として表明されたものはすべて——

9

おお女神よ、そのすべてに実体はないことを知るのだ。すべては手品の見せもののようなもの、幻想、夢、架空の想像都市のようなものだ。

ここで神が言っているのは、あなたが見ているものは実在ではないということである。幻想なのだ。神の分割された形として表明されたものはすべて——女神よ、そのすべてに実体はないことを知るのだ。手品の見せもの、幻想のようなものだ。ここでのキーワードは「分割された形」だ。分割された形は幻想である。実在ではない。私たちは神からも、お互いからも分離していない。例えば、映画を見る時、私たちはスクリーン上に分離した人々やいろいろな生きものの映像を見ている。これらの画像は実在ではない。単なる画像である。事実としてそこにあるのはスクリーンと映写機で、それらがスクリーン上に画像を映している。この世界もそれに似ている。この世界は、**神**のスクリーンに映された映像である。この映写機、スクリーン、そこに映る映像、これらはすべて、**神**である。

ここで二つの質問が生じる。この世界が幻想あるいは夢であるなら、目的は何なのか？　タントラは、世界は**神**の遊びだという。だが、世界は重要だ。**神**が自らの本質を味わうためには、この世界が必要である。究極の現実を経験するためには、対照的なフィールドが必要である。「大」がなければ「小」を経験することはできない。同様に、「苦」がなければ「楽」も知り得ない。もし、大きな人しか住んでいない地域があったとしたら、その人たちは小さいとはどういうことか知らない。ということは、誰も実際には大きい人ではないのだ。

本質的に、逆の性質が存在しなければ、定義や描写は不可能である。真空の中に存在することはできない。人は「悪」とは何かを知らなければ、「善」人にはなれない。ヨガは、**神**の根本的性質は喜びだという。**神**が自らの喜びを味わうためには、相対的な世界が必要である。両極性のない世界では、**神**は自らの性質を経験することはできない。空《くう》（shunya）があるのみだ。ヒンドゥー教と仏教の**神**の概念の違いは、ここにある。ヒンドゥーは、**神**は喜びと意識だという。仏教は、究極の現実は空《くう》だという。これらはどちらも正しい。同じコインの表裏なのだ。**神**は**喜び**であり、**意識**であるが、相対的世界、幻想がなければ、**神**は空《くう》である。

興味深いことに、この文献には**神**を指す言葉がいくつも出てくる。**シヴァ**、**デーヴァ**、**バライラヴァ**、**至高の現実**、**至高の空間**、**至高**、**ブラフマン**、そしてそう、**空**《くう》もだ。

この理論は、天国と地獄の概念の理由をも説明している。いくつかの宗教では、この天国と地獄という概念は決してうまくいかないと説明している。もし人間が地獄で永遠に続く苦しみを味わっていたら、ある時点でそれはもう苦しみではなくなり、無となる。もし継続的に苦しみを味わい、それ以外の何も味わわないとしたら、しばらく経つとその苦しみは意味を失うだろう。苦しみを味わうためには、その反対の楽しみも経験する必要がある。同様に、天国も機能しない。苦しみをまったく経験しないまま楽しみだけを味わい続けたら、しばらく経つと楽しみの経験は何でもなくなる。

質問の二つ目は、もし世界が幻想だとしたら、どうやって私たちは**実在**を経験したり知ることができるのか？　答えは15節で与えられる。インドの賢人たちは幻想の背後にある真実を見出そうと、常に注意を払っている。実在しないものと実在《リアル》なものを見分けるためだ。このような真理探究について、『ブリハッド・アーラニヤカ・ウパニシャッド』に美しい祈りが書かれている。霊的な詩として、これ以上美しいものはないといえるだろう。

実在ではないものから、私は実在に導かれる。
闇から、私は光に導かれる。
死から、私は不死に導かれる。

10

このような概念は、外的活動を行おうとする、心が混乱している人々の瞑想を支えるために用いられている。二元的な思考しかできない人々のための概念でしかない。

ここで神は、女神が先に提示した概念について話している。神は九つの異なる形、音、点、その他でできているのかどうなのかは、「二元的な思考から抜け出せない」人々、自らを神から分離していると捉え、神と自分が一つであるという概念に同調できない人々のための概念だ。このような人々は瞑想や内に入ることよりも、儀式や外的活動に関心が向かっている。

11

現実において、神は九つの異なる形でも、言葉の集まりでもない。三つの頭でも、三つのエネルギーでもない。

12

音でも、点でも、半月でもない。チャクラを上昇することは私の本質ではないし、エネルギーが私の性質なのでもない。

神は今、女神の一番目の質問――あなたの真の本質は何ですか?について答え始めている。この二つの節で、女神による示唆は否認されている。神の真の本質は、女神の挙げたことにはない。音でも、点でも、半月でもない。

ここで女神は、もしこれらすべての概念が神の性質ではないなら、なぜこれらの概念は一部のタントラ文献に神の本質であるとして挙げられているのかを尋ねる。その答えは、次の節で与えられている。

13

これらの概念は、究極の現実を理解するだけの知性がまだ十分に成熟していない人々のためのものだ。子供を危険から遠ざけるために怖がらせ、霊的実践を始めなさいと皆を励ます母親のようなものである。

神の本質的性質を理解できない人もいる。女神が挙げた神の本質の概念は、そのような人々のためにある。これらの概念は、究極の現実を把握できない人々が霊的実践の道のりを始めていけるよう、後押しするためのものだ。これらの概念は、人を神に向かわせる。このような人々も霊的実践を始めさえすれば、神についての理解が深まる。そしていずれこれらの概念は必要ではなくなり、捨てることができる。

14

私は時間や方向性のすべての概念から自由である。私は特定の場所ではない。神を言葉で正確に示したり説明するのは、不可能である。

神の真の性質を説明する前に、神はまず「神ではないもの」を説明している。これまでの数節は、神の性質は女神が挙げたものではないと言っている。この節は、神ではないものという主題で続く。

神を時間や方向性を用いて描写することはできない。神は、時間や方向性のすべての概念を超えている。私は特定の場所ではない。神は特定の場所に住み、優れた存在ではない。神は至る所にいて、すべてを完全に満たしている。この節は、神を限定すること、特定の場所や時間に制限することは不可能だといっている。神を言葉で正確に示したり説明するのは、不可能である。どの言語・言葉をもってしても、正確に神を描写することはできない。なぜなら、言葉や描写は心のものだからである。神を知るためには、心を超越しなければならない。神を知るためには、神を経験せねばならない。言葉は乏しい代用品に過ぎない。だから、神を経験したマスターの言葉や教えは誤解されやすい。マスターたちは、言葉では決して説明できない経験を言葉で説明しようと試みているのである。

15

人は自らの内に神の喜びを経験するかもしれない。それは心が静寂で、思考から解放されている時に起こる。この、至福に満ちた神の状態が、女神である。

15節は、この聖典すべての中で最も重要な節の一つである。この節は、ヨガとタントラの根本原理を説明している。これまでにいくつかの節で、神の本質を否定形式を用い、神ではないものを伝えることによって説明してきた。この節と次の節では神の性質を肯定文で、神とは何かを説明している。

人は自らの内に神の喜びを経験するかもしれない。神の性質は、喜びである。ここでのキーワードは「内」である。私たちは、神の喜びを私たちの中で経験することができる。人間はジャコウジカのようだ。雄のジャコウジカは、体内の腹袋から麝香《じゃこう》の香りを放つ。鹿は、その香りの源を求めてあらゆる場所を探し求める。時にはそれで山の崖から滑り落ち、命を落とすこともある。鹿が自分の内を見さえすれば、その探し求めていた香りの源を見つけられるのに、である。人間も、それと似ている。私たちは内を見ずに、外的世界に幸せを見つけようと必死に探す。私たちは名声や富や安全が永遠の幸せをもたらしてくれるものと誤って信じ、果てしなくそれらを求める。今では、何かを達成することもとても重要になっている。人生で何か物質的なものを達成しなければ（通常は数字で表せるお金を求める）、幸せになれないと信じている人は大勢いる。

私たちが経験できる最高の喜びは、**神**と一体化する喜びである。この節で**神**が教えているのは、この喜びは自分の内で経験することができるということだ。その喜びは、私たちが外的世界で経験できるどんな喜びよりも一〇〇万倍も大きい、純粋な至福と恍惚だ。この喜びを経験した者は、それが一秒にも満たない僅かな瞬間だったとしても、それをこの世界の何ものにも引き換えることはないだろう。お金、名声、その他何を差し出されても、だ。

ここで、とても重要な霊的真実が語られている。私たちは喜びのために、自分の外のものは一切、必要ないということだ。幸せになるためにお金、仕事、安全、名声、他人の承認は必要ない。私たちは個としてまったく何も必要とせずに存在できるのである。私たちが味わえる最高の喜びは、自分の内で経験する。一度それを経験すると、外界のどんなものもそれには匹敵しない。この真実を理解している人々は、人生が劇的に変わっていく。他人との競争をやめ、もっと分かち合うようになる。物質的達成は一番の関心事ではなくなる。そのかわりに、焦点は内の喜びの真の源を探究することに向き始める。ストレスはなく、仕事は生産的になり、人生はもっと喜びに満たされるようになる。

それは心が静寂で、思考から解放されている時に起きる。ここが鍵だ。この鍵が、永遠への扉を開く。神との一体化の至福を味わうには、心を静めなければならない。通常の環境では、私たちは自分の思考をコントロールすることはできない。私たちの心は、ある思考から次の思考へと飛び移り続ける。神を知り、神と一体化するには、心をコントロールせねばならない。心は、鏡に積もった埃《ほこり》のようなものだ。鏡に埃がついていると、自分の姿は見えない。埃を取り除くと、自分の姿がはっきり見える。同じように、心が静止すると、真の自己が見える。９節では、私たちの世界は幻想だといった。心が静止すると、幻想を超えて真の現実が見えるのだ。

ヨガは、心を向上させたり研ぎ澄ませることに関心はない。それよりも、心を超越することに関心がある。心のコントロールができるようになると、私たちはもう心の気まぐれや空想に支配されなくなる。考えたければ、考える。考えたくなければ、考えない。心をコントロールできない人は、これができない。思考の流れを止められないのだ。あなたも今、やってみてほしい。五分間、たった一つの思考さえ忍び込まないように思考を止めるのである。もしうまくいったとしたら、あなたは完全に悟りを得るだろう。

神に到達するには、気づきが求められる。私たちは考えている間、気づいていることはできない。思考と気づきは、両立できないのだ。だから、すべての霊的伝統は心を静めることを重要視する。ブッダは、全世界を克服するよりも自分の自己を征服する方がいいと教えた。ヨガは、同じことを違う方法で伝えている。ヨガは、世界を変えるのではなく、自分自身を変える方がいいと教える。もしすべての人がこのシンプルなアドバイスにしたがえば、現代世界に蔓延している暴力やテロ行為の大半は終焉《しゅうえん》するだろう。

心は、私たちの自我（エゴ）の必要不可欠な部分である。心が静まると、エゴは消える。私たちは純粋な気づきになる。カシミール・シヴァ派では、**神**との一**体化**は二つが合わさるということではない。私たちが解放に到達する時、私たちは神に会うのではなく、神を受容し、神と一体になっている。エゴが消えると、神が現れる。エゴが現れると、神は消える。カシミールの最も偉大なマスター、アビナヴァ・グプタ（Abhinavagupta）（訳注：10世紀に活躍した思想家）は、解放（モークシャ moksha）は自らの真の本質への気づきに他ならないと教えていた。私たちの真の本質は何かに覆われていて、それを取り払うのが解放である。神は私たち皆の中にいる。神を覆っているものを、取り払うのである。心が静かな時、あるいはエゴが溶けている時に、私たちはそれに気づく。「あなたがたの律法に、『私は言う、あなたがたは神々である』と書いてあるではないか」（ヨハネによる福音書10章34）

神はこの節で、解放への重要な鍵となる必要条件を述べている。それは心を静めることだ。神は、それ以上詳しいことは言わない。代わりに、この目的を達成するために使えるテクニックについて説明している。

至福に満ちた神の状態が、女神である。神と女神に違いはない。この点は次の節で説明されている。

16

私の本質は喜び、純粋で、全宇宙に浸透していることを知るべきである。これが至高の現実の性質なのだから、誰を崇拝するというのか？　満たされるのは誰なのか？

ヨガとタントラでは、神の根本的本質は喜び（または愛）と意識である。喜びはこの節で言及され、意識は文献の後半で言及されている。神の喜びは宇宙全体に浸透する。宇宙は、神の一部でしかない。だから、神の喜びは宇宙とそこにあるすべてに浸透している。私たちの根本的本質も、喜びである。私たちは罪を持って生まれてくるという宗教があるが、そうではない。私たちは喜びに生まれる。喜びは単に私たちの生得権というだけではない。私たちは喜びそのものなのだ。『タイッティリーヤ・ウパニシャッド』がそれを見事に描写している。

神は喜びである。喜びからすべての存在が生まれ、喜びが彼らを生かしており、皆、喜びに戻っていくのだ。

私たちの本質が喜びであるなら、なぜ私たちはいつも喜びに溢れていないのだろう？　なぜ私たちの人生は緊張、痛み、苦しみ、恐れ、悲しみに溢れるのだろう。答えは、これまでの節にある。絶え間なく続く心のお喋りが、私たちの苦しみの元である。私たちの心が静寂にある時、私たちは自らの本質、喜びを経験する。

生きていると、心の動きが突然止まる時がある。それは、瞑想している時だけ起きるとは限らない。一人で歩いている時や、車の運転中にも起き得る。喜びが溢れ出し、あなたの隅々まで広がってゆく。微笑みが止まらない。もうあなたは外界の出来事に影響されたりしない。運転中に横入りをされても、誰かがあなたに無作法なことをしても、まったく揺れない。

あなたは信じられないほど軽やかで、幸せなのだ。それは素晴らしい経験だ！　もしほんの一瞬でもこれを経験したら、その人はこの感覚をまた味わいたいと切望するようになる。

これが至高の現実の性質なのだから、誰を崇拝するというのか？　満たされるのは誰なのか？　**究極の現実**においては、あるのは**一つ**、**神**のみである。**神**は全宇宙に浸透し、満たしている。**神**から分離しているものは一つもない。従って、誰を崇拝するというのだ？　崇拝者も、崇拝される者も、お互いから分離していない。両者は一つであり、同じものなのだ。

神は何も必要としない。神はすべてであり、神はすべてを持っている。神しかいないというのに、神がどうして何かを必要とするだろう？　ある宗教には怒りの神がいて、私たちに一定の振る舞い方や物事を要求するという。もし私たちが神の要求や期待に応えられないと、永遠に罰を受けるといわれている。だが、ヨガとタントラの神は喜びや愛の神である。神は自らの喜びに充足しており、必要や要求はまったくない。

17

このようにして、神の最高の状態は称賛される。私の最高の形を通して、至高の女神の最高の形も称賛されている。

神と女神の間に違いはない。ヨガでは、神は喜びであり意識であるといわれている。神の創造力を象徴するエネルギー（シャクティ）が女神である。人が神のあらゆる側面を理解しやすいように、このような区別がなされている。究極の現実では、男神と女神に違いはない。男神と女神も、二元性の一部である。男性でも女性でもないのは、至高の現実のみである。そのため『ヴィギャン・バイラヴァ・タントラ』では神を至高の現実、至高、至高のスペースと呼ぶことがある。シヴァ神が絵や彫像でアルダナリーシュバラ（半身男性、半身女性）として描かれているのも、同じ理由からである。これらの彫像はシヴァは半身が男性、半身が女性の姿をしている。これは、**神**が男性でも女性でもないことを示すためである。

18

エネルギーとエネルギーの所有者、責務とそれを果たす者の間に違いはない。この理由から、至高のエネルギー（女神）と神の間に違いはない。

インドのいくつかの二元的哲学では、**神**のエネルギーは**神**から分離していると伝えるものがある。創造された世界は**神**のエネルギーに他ならないが、そのような哲学では**神**のエネルギーは**神**と分離していると捉えられている。18節と19節は、そのような二元的哲学を否認する。

エネルギー（**女神**）と**エネルギー**の所有者（**神**）の間に違いはない。従って、**女神**と**神**に違いはない。

19

「火を燃えあがらせる力」と「火」を分離させることはできない。火が初めに燃えあがる時の、その初めの部分の本質的な性質を学べるように、「火を燃えあがらせる力」と呼んでいるだけだ。

女神は**エネルギー**である。**女神**は**神**の創造性を象徴する一つの側面である。全宇宙は、**エネルギー**で作られている。エネルギーに過ぎない。エネルギーは、すべての物質に宿っている。物質は一定の周波数で振動するエネルギーに過ぎない。ヨガとタントラは、これを何世紀も前から伝え続けている。最近になって科学がようやく、すべての物質はエネルギーからできているというこの真理を受け入れ始めている。

「火を燃えあがらせる力」と「火」を分離させることはできない。したがって、**神**の創造性の側面（**女神**）と**神**を分離させることはできない。ただ、**神**に備わるあらゆる側面を知るために、異なる表現を使っている。したがって、全宇宙とその中のすべて（エネルギーに他ならない）は神から分離してはいない。すべて神の一部である。

20

人が神聖なエネルギーの状態に入ると、それが神の状態である。ここで言っているように、女神は神への入り口なのだから。

21

空間などは、ランプや太陽の光によって認識される。同様に、おお、親愛なる者よ、女神（エネルギー）を通して神を知る。

この二つの節は、神はエネルギー（女神）を通して知られると述べている。ここでは二つのことが示されている。一つは、すべての人は脊椎の基底のムラダーラ・チャクラにクンダリーニという休眠エネルギーを備えていることだ。クンダリーニとチャクラについては後ほど、詳しく説明する。瞑想テクニックの中に、この休眠しているエネルギーを脊椎を通して頭頂まで上昇させようとするものがある。これが起きると、20節でいわれている**神聖なエネルギー**状態にもう入っていると言われている。これは、**神**の状態でもある。ということは、完全な気づきと完全な喜びの状態である。この生命エネルギーを脊椎を通して上昇させると、私たちは気づきと喜びが高まっていくことに気づく。したがって、**女神**（**エネルギー**）を通して私たちは**神**（**気づきと喜び**）に到達するのだ。この概念については第2章の瞑想のところで詳細を述べる。

21節は、**女神**（**エネルギー**）を通して**神**を知るとも述べている。その前の文章に加え、ここにさらに重要な意味がある。**神**のエネルギーが眠っていると、**神**は不活発である。エネルギーという**神**の創造性の側面を通してこそ、**神**の性質が知られる。ここにランプの例が挙げられている。もしランプが点いていなければ、何も見えない。ランプがいったん点けば、ランプも部屋にある物も見え、その性質を調べることができる。**神**は、ランプと部屋にある他のすべてのものにあたる。ランプの灯りは**神**のエネルギーのようなものだ。その灯りが点くと、ランプや部屋にあるすべての物体の性質を知ることができる。同様に、**神**のエネルギーが活動している時にだけ、**神**の性質を知ることができる。**神**を知るのは、**神のエネルギー**（**女神**）を通してである。この全世界はエネルギーである。世界を通して、**神**の真の本質を知ることができる。この概念は９節で説明されている。至高の現実を経験するためには、相対的な世界が必要である。闇がなければ、光を経験することはできない。同様に、神の喜びを経験するためには、私たちは何か喜びではないものを経験せねばならない。もしその反対のものを経験せずに一つのことをただ経験し続けていると、その経験はやがて意味を失う。もしも人生のすべての状況で勝ち続けたら、勝つという感覚は意味のないものになる。私たちは勝つ経験に価値を与えるために、負ける経験が必要なのだ。同様に、神の喜びを経験するためには、まず喜びに満たない経験をせねばならない。だからこの世界が重要なのである。この世界がなければ、神は自らの性質の喜びを経験することはできないであろう。したがって、世界（エネルギー）を通して神は知られるのだ。

女神は言った。

22

おお、神々の中の神よ、装飾として碗を、象徴として三叉《さんさ》の戟《げき》として持ち、方向性も場所も時間も描写もないのですね。

23

どのような手段で、私たちは神の形を得て満たされることができるのでしょうか？　至高の女神、神への入り口に至る方法は何でしょうか？　神よ、完全に理解できるよう、説明してください。

女神はさらに二つの質問をする。どのような手段で、私たちは神の形を得て満たされることができるのでしょうか？　これに応え、神は112の瞑想を与える。二つめの質問は、至高の女神がいかに神への入り口であるかについてだ。そして女神は、完全に理解できるように説明してほしいと伝えている。シヴァは、二つめの質問に直接には答えない。だが、彼が与える答えときたら！　さらに哲学的な討論に引き込まれはせず、神に到達する112の瞑想を与えるのだ。私たちの内にいる神の覆いを取り払う、112のテクニックである。究極の現実は、言葉では説明できない。ただ経験するしかない。哲学的討論には限度がある。真に神を理解するには神に到達する、神になる必要がある。経験が、何よりも重要である。神を経験した時にのみ、私たちは彼を完全に理解する。

女神が23節で完全に理解できるように答えてほしいと尋ねると、彼はそうした。ただ、それは私たちが予期した答えではなかった。私たちは、これまでの節で**神**が与えてきた答えをさらに広げて説明するだろうと思っていた。だが、**神**はそうはしない。代わりに、**神**へ到達し、解放を成し遂げる方法を示している。私たちが**神**の状態に到達さえすれば、私たちは**神**についてすべてを理解するだろう。霊的な道のりを始める前に、**神**についてすべて理解する必要はない。始めることが大切である。霊的な道のりを進んでいけば、おのずと**神**をより理解し、**神**についてもっと多くを知るのである。ブッダはこれについて、素晴らしい例を挙げて説明した。もしある男性が矢に打たれたら、医マスターはまず矢を引き抜き、傷を手当てして彼を救おうとするだろう。だがもしこの男性が医マスターを止め、「待ってください。私は先に、誰が矢を打ったのかを知りたい。その矢がどのように作られたか、その矢が何の木から作られたのかを知りたい」と言ったとしたら――彼は死ぬだろう。だから、始める前からすべての答えを待つのではなく、霊的探究を始めることが重要なのだ。

女神の質問に対する**神**の答え方（テクニックを伝える）に、宗教とスピリチュアリズムの大きな違いの一つが明らかに現れている。宗教では、**神**についての他者の信念や経験を受け入れることが求められる。スピリチュアリズムは、自らの身をもって神を経験するように促している。それを経験できるように、この文献では112の異なるメソッドが与えられている。

神は112の瞑想テクニックを与えることによって女神の質問に答えている。これらは解放のためのテクニックである。一つひとつのテクニックを理解する必要はない。必要なのは、どれか一つのテクニックを理解し、実践することである。その一つのメソッドがあれば、十分に悟りを開くことができる。これらの瞑想を読んでいるうちに、あなたが惹かれるものがいくつか見つかるだろう。それぞれを一週間ずつ実践し、試すといいだろう。最も深く瞑想できるもの、あるいは最も平和と喜びを感じられるものが、あなたに合ったテクニックである。実践中に、あるいは瞑想の説明を読んでいるだけでも平和や喜びを感じたら、それがあなたのための瞑想ということだ。

第2章

瞑　想

人の道は多くある、だがいずれの道もやがては私に至る。

――『バガヴァッド・ギーター』(4:11)

この文献に載っているいくつかは「座る」瞑想と呼ばれるものである。それらの瞑想では、座った姿勢で（通常は目を閉じて）瞑想テクニックを実践すること。このようなテクニックの実践法にはガイドラインがあり、巻末に記載されている。それはすべての座る瞑想に共通のものである。

神は言った。

24

至高のエネルギー（呼吸）は、吐く時に上昇し、吸う時に下降する。この、吐く息の起点と吸う息の起点に集中することで、充実の状態になる。

多くの瞑想では、まず心を静めるために、心の焦点を単一点に向ける。何も集中しないでいるより、初めは何かに心を集中させる方が心が静かになりやすい。心を最も簡単に集中できるものの一つとして知られているのが、呼吸である。そのため、初めは呼吸を使う瞑想がいくつか与えられている。

この節および次の三つの節は、二つの呼吸の間の「間《ま》」に集中することが求められている。吸気と呼気の間には「間」がある。吸気と呼気の間にもまた別の「間」がある。この二つの「間」に注意を向ける。これが、吐く息の起点と吸う点の起点に集中することで、充実の状態になるの意味である。呼吸は、この一時休止から始まる。

楽な姿勢で、目を閉じる。呼吸に意識を向ける。そして、二つの呼吸の間の「間」に注意を向ける。この時、呼吸を変えようとしないこと。ただ観察する。絶えず呼吸に、より明確には呼吸と呼吸の間の「間」に意識を向け続けるよう、努めること。呼吸の「間」にだけ集中して、呼吸中に心が流れてしまってはいけない。そうすると、呼吸の間の「間」も逃してしまうだろう。したがって、呼吸のサイクル全体に集中し、呼吸の間の「間」にはさらに焦点を向けることである。

これを実践すると、呼吸が微細で緻密になっていくかもしれない。呼吸の間の「間」が伸びるかもしれない。呼吸のペースが遅くなる可能性もある。呼吸サイクル全体が長くなるかもしれない。そうなると、心は静まるかもしれない。この実践を続けるうちに、平和と喜びを感じるようになるだろう。

呼吸の間の起点（間）がなぜそこまで重要なのか？　呼吸は純粋なエネルギーである。呼吸は、至高の女神自身である。呼吸は神から生じ、神へ戻る。呼吸の起源に集中することで、人は神自身に集中しているのである。

25

呼吸が内側から外側へ、また外側から内側へ転じる二つの場所に集中しなさい。おお、女神よ、このように女神を通して、神の本質形が実現する。

この瞑想は、前の瞑想を少し変化させたものである。吸気と呼気の起源に集中するのではなく、呼吸が転じるところに焦点を向ける。息を吸い続けると、徐々に呼吸が絶えていく。そして小さな「間」あるいは休止があり、そこから息を吐き始める。吸気が終わり、「間」があり、そして吐く息が始まるところが呼吸の転換点である。この節の注意の焦点は、前よりも大きい。二つの呼吸の間の「間」だけではなく、その前後、吸う息が終わって吐く息が始まるところまで、さらに吐く息が終わって吸う息が始まるまで集中は続く。呼吸のサイクル全体で見ると、呼吸の転換は2回ある。内から外へ、そして外から内へ、の二回だ。

前の節のように、このテクニックは座って目を閉じて実践すること。

人々は何世紀もの間、呼吸によって瞑想テクニックがパワフルな効果を見せるのはなぜかを問い続けてきた。他の瞑想を使っても心を静かに保持できない場合、呼吸テクニックを用いることで通常は成功する。心は、リズムに惹きつけられる。心はリズムがあると、楽に集中できる。呼吸は、人生の中でもっとも自然なリズムである。

これらの瞑想によって、心はいまここにあることができる。私たちを過去や未来へ連れ回す心はいつも、いまここにいることができない。いまここにいる時、心は不要である。そのとき人は、ただ気づきそのものである。心をじゅうぶん今ここに集中させると、心はおのずと消えていく。

これらの瞑想を実践していると、思考が起き続けることがある。思考が生じると、私たちは呼吸の転換を逃してしまう。逃しても、動揺しないこと。ただ、心を実践に戻すのである。生じた思考の中に入りこんで考え続けないこと、あるいは思考が何度も生じても動揺しないこと。心を瞑想に戻すのである。徐々に思考は消えていき、いずれ、すべてなくなるだろう。

女神を通して、神の本質形が実現する。女神とは、呼吸あるいはエネルギーである。彼女を通して、あるいは呼吸の気づきを通して私たちは神に達する。

26

吸う息から吐く息への折り返し点（センター）、あるいは吐く息から吸う息への折り返し点（センター）ですべての思考は消える。エネルギーの形が見え始め、エネルギーを通して神の形が現れる。

26節は別の瞑想実践ではない。24節の瞑想と同じものである。重視するために再度、繰り返されている。これは非常に重要な実践だからだ。心を静める、シンプルでパワフルなテクニックである。

私たちが静けさの中に留まる時、**神**に達する。二つの呼吸の間の「間《ま》」、中心では私たちは完全に静止している。呼吸さえしていない。その中間の、静止の状態にいる時、すべての思考は消える。私たちの身体は完全に静止しているため、心も静止する。私たちの心が静止すると、**神**の形が現れる。穏やかな、静かな湖を見ると、私たちの心はおのずともっと平和になる。湖の平穏さが、私たちの心をさらに静かに落ち着かせる。二つの呼吸の間の「間」、中心がとても特別なのは、そのためだ。その状態、その瞬間、私たちの身体は完全に静止している。心をその静止に集中させると、心も静止するのだ。

意図的に呼吸を止めようとしないこと。身体が普通に呼吸するがままに任せること。楽に座り、目を閉じる。注意を呼吸に向け、二つの呼吸の間の「間」に全注意を向ける。一回でも「間」を逃さないように努めること。この実践をしているうちに、呼吸がもっとゆっくり、穏やかに、優しくなっているかもしれない。そうしようと努力せずとも、自然にそうなる。呼吸が長くなるかもしれない。一分間あたりの呼吸の回数が減っているかもしれない。呼吸の間の静止状態に気づいていると、心はどんどん静止していく。思考は減っていき、さらに平和と喜びを感じ始める。これが、エネルギーの形が見え始めるの意味である。最終的に、心が静止した状態が十分に続くようになると、悟りの状態に達する。

これらのテクニックはシンプルで理解しやすい。シンプルだから、こんな瞑想をしても解放に達せないという心の思考に騙されてはいけない。真理は常にシンプルである。決して複雑なものはない。呼吸を用いる瞑想はシンプルかもしれないが、非常にパワフルだ。だからこそ、初めに伝えられているのだ。

カシミールのマスターたちは、この瞑想を重視していた。呼吸の間の「間」は特別だ。完全なる静止の瞬間である。そして、静止の中に私たちは神を見出す。この「間」、静止の中で、私たちはより簡単に神に達するのである。

27

呼吸が吸気あるいは呼気の後でおのずと保持されている時——ついには、安らかなエネルギーを通して、平安が現れる。

この節は、私たちの呼吸が吸気あるいは呼気の後で自動的に止まっている状態のことを言っている。これが生じるためには、まず呼吸の瞑想を実践しなければならない。これまでの三つのどの瞑想でもいいし、あるいはシンプルな呼吸への気づきでもいい。

楽に座り、目を閉じ、気づきを呼吸に向ける。徐々に呼吸がゆっくりになる。吸っては吐く息はより優しくなり、速度は落ちていく。呼吸はゆっくり、長くなる。通常、私たちは一分間あたり一五回呼吸する（吸って、吐くを一回と数える）。これがもっとゆっくりになる。呼吸スパンが長くなるにつれ、一分あたりの呼吸の回数は減っていく。呼吸に気づいていると、おのずとそうなるだろう。そうならない場合はゆっくり、深く呼吸するように努める必要がある。

呼吸がゆっくりになっていくと、心が落ち着いてより安らぎの感覚が生じ始める。ゆっくり呼吸をすると、呼吸はより微細に、より軽くなる。すぐにリラックスした、平安の感覚になる。一回ごとに呼吸のスパンは長くなっていく。吸う息も吐く息も、長くなる。呼吸はどんどん、微細になっていく。最終的に、呼吸が止まる段階に入る。これが、この節が伝えている段階である。次にどうなるかは、人によって様々だ。音が聞こえる人もいれば、聞こえない人もいる。最終的に、脊椎基底部の近くにある休眠エネルギー、クンダリーニが脊椎の中央経路を通って上昇する。クンダリーニが上昇すると、深い平安の感覚を覚える。このクンダリーニが頭頂に達すると、その人は解放される。

一回あたりの呼吸の長さは、生命体の一生に直接影響を及ぼす。人間より速く呼吸する動物（一分間あたりの呼吸回数が多い）の寿命は、人間より短い。人間よりゆっくり呼吸する動物は、人間よりも長生きする。例えば、犬の呼吸パターンを観察すると、非常に速く呼吸していることがわかる。犬は、人間よりかなり寿命が短い。一方、亀の呼吸は非常に遅く、人間よりも長生きである。私たちはゆっくり、深く呼吸すると、すぐにリラックスし平安を感じる。だからといって、毎日二四時間深い呼吸を実践する必要はない。ただし、深い呼吸は瞑想実践としては非常に役立つし、怒りや緊張を感じている時には実践を強く勧める。即座に穏やかで静かになるだろう。

28

最も基底にあるエネルギーセンターから明るい光のエネルギーが上る様子を瞑想する。光は上昇するにつれてどんどんほのかになっていき、最後に最も高い頭頂のセンターで溶ける。する

と、神が現れる。

次の二つの節は、クンダリーニの上昇について述べている。クンダリーニは脊椎の基底部近くで休眠しているエネルギーである。クンダリーニとチャクラと経路については、何冊もの本が書けるほど奥深い。だが、ここでは次の二つの瞑想を理解できる程度に用語を簡潔に説明する。

ヨガとタントラでは、私たちにはグロスボディ（粗大な体、訳註：肉体）とは別に、サトルボディ（微細な体、訳註：エネルギー体）があるという。サトルボディは、裸眼では見えない。だが、絶対的に重要なものである。サトルボディがなければ、グロスボディは存在しない。サトルボディは、チャクラと経路で構成されている。チャクラは車輪を意味する。チャクラは、基本的にエネルギーセンターのことだ。その位置は、図に示されている通りである。ムラダーラ・チャクラは脊椎の基底近くにある。男性の場合、ペニスと肛門の間の会陰の近くにある。女性の場合、子宮頸部の中の子宮の根元にある。スワディスターナ・チャクラは脊柱の基底部、尾骨の高さのところにある。マニプーラ・チャクラは脊柱の内側、お臍の真後ろにある。アナハタ・チャクラは脊柱の内側、胸の真後ろにある。ヴィシュダ・チャクラは脊柱の内側、喉の窪みの真後ろにある。アジュニャー（アジナー）・チャクラは脊椎の頂点にある。前に向かって水平に伸びていて、眉毛の間の少し上のポイントである。サハスラーラ・チャクラは頭頂部にある。

私たちのサトルボディには、いくつかのナディあるいは経路がある。重要なナディは三つで、その三つの中の一つが一番重要なスシュムナ・ナディあるいは中央経路である。スシュムナはムラダーラ・チャクラから始まり、脊椎の中の経路を上に伸びていてアジュニャー・チャクラまで繋がっている。そこから上にサハスラーラ・チャクラまで伸びていて、そこで終わる。最後のチャクラ（サハスラーラ）を除き、他のすべてのチャクラはこの経路の中に位置している。

クンダリーニはムラダーラ・チャクラにある休眠エネルギーである。その象徴として、シヴァリンガムの周りを蛇が三周半巻きついた図で表されることがある。この休眠エネルギーの解放を目指す瞑想実践はたくさんある。このエネルギーが解き放たれると脊椎を上昇し、それぞれのエネルギーセンター（チャクラ）を貫通しながら中央経路（スシュムナ）を通る。最後にクラウン・チャクラ（サハスラーラ）に到達すると、解放が起きる。その時点で、エネルギーは**神**と再結合しているという。これは**神**と**女神**、シヴァとシャクティの一体化と呼ばれている。意識（**神**）とエネルギー（**女神**）の結合だ。『ヴィギャン・バイラヴァ』は元は『ルドラヤマラ・タントラ』という文献の一部だった。ルドラヤマラはまさに、この**男神**と**女神**（シヴァとシャクティ）の一体化である。

　このプロセスをもっと正確に表すなら、私たちの内にあるエネルギーと意識が、私たちの外にあるエネルギーと意識と一体化するといえる。**個人のエネルギーと意識**が、**宇宙のエネルギーと意識**と再結合する。私たちの内なる**神**が、外界の**神**と再結合する。インドの偉大な賢人カビールは、次のように説明している。水に鉢を浸すと、鉢は水で一杯になる。次に、鉢の上部を水面まで浸さなければ、鉢の中の水は外側の水と分かれたままである。鉢の中に入っている水を外の水と合わせたければ、鉢を割るのだ。すると、水は満遍な

チャクラの位置

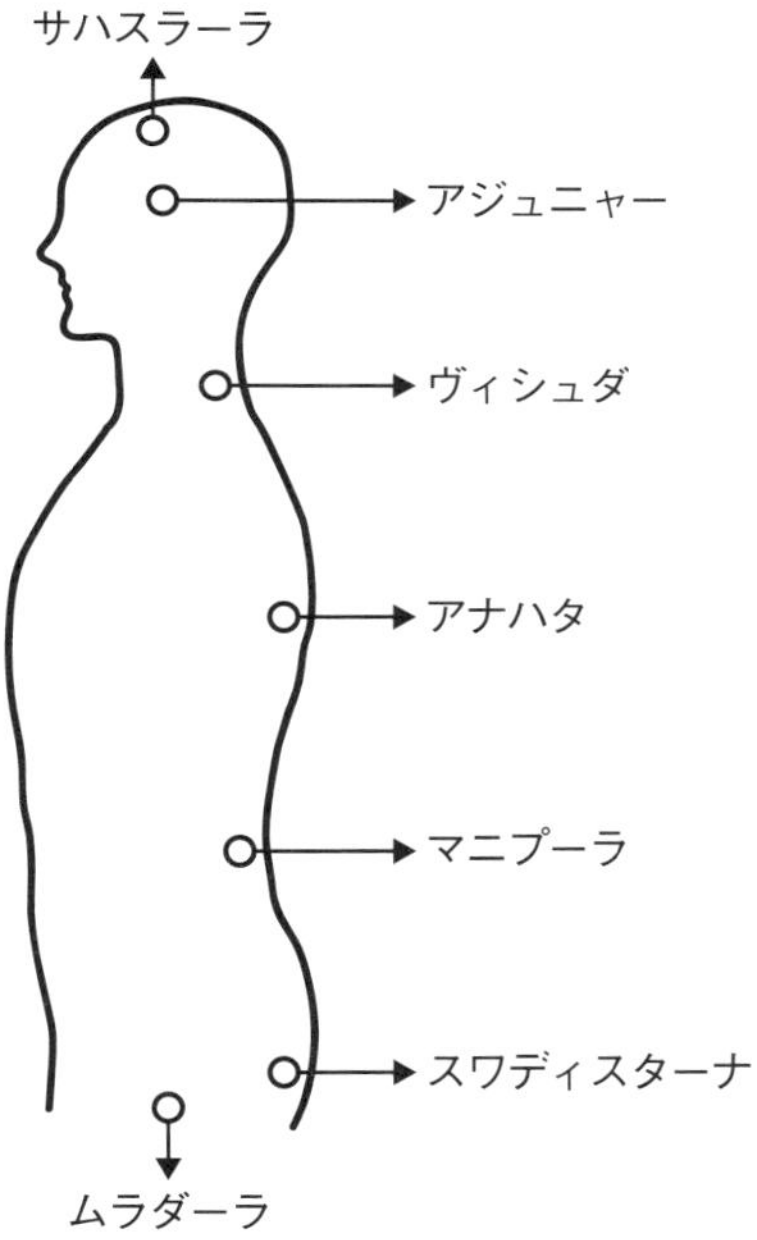

くいき渡る。クンダリーニの上昇、エネルギーの解放は、個人のエネルギーと意識が**至高エネルギー**と意識に再結合しているに他ならない。私たちの内なる**神**と、外の**神**とが再結合する。すると、**神**のみが満遍なく存在する。鉢を割ると水がすべてに行き渡るように、**神**は至るところにある。だから、**自己実現**を遂げたマスターたちはすべての中に、至るところに**神**を見る。彼らの「鉢」つまりエゴ、分離したアイデンティティの感覚が壊れているからだ。もし誰かが聖人に危害を与えようとしても、その聖人はただ愛で応える。これについては本書の後半で詳しく述べる。

28節は、このエネルギー（クンダリーニ）の上昇を、視覚化のプロセスを使って目指す。中央経路（スシュムナ）は白い、あるいは透明の管としてイメージする。各チャクラには、それぞれに色と形がある。それぞれに異なる花びらを持った蓮として表す伝統もあり、カシミールの伝統では円輪として描かれている。次の二つの瞑想にあたっては、各チャクラを丸い光の球としてイメージするといいだろう。

楽に座って目を閉じ、中央経路の基底のルートチャクラ（ムラダーラ）に注意を向ける。このチャクラから光線が上昇し始め、中央経路（スシュムナ）を通って脊椎を上昇し、各エネルギーセンターを貫通していく様子をイメージで見る。エネルギーセンターを一つずつ通過するたびに、光はほのかに減じていく。このように光線は上昇しながら、どんどんかすかになっていき、最後にクラウン・チャクラのところで溶けるように消える。初めのうちは、各センターを光が通過する際に頭の中でそのチャクラの名前を言うと役に立つ。ムラダーラ、スワディスターナ、マニプーラ……というふうに。

この光線が各センターを貫通しながら脊椎を上っていく間、この光線に集中し続けること。上昇して一番上のセンターで溶けたら、もう一度、ルートセンターから始める。また新たな光線が上に向かって上り、各センターを続けて貫通していく様子を想像する。これを、最長三〇分まで続ける。

すると、神が現れる。クンダリーニが中央経路を通ってついに頂点まで達すると、神が現れる。この一体化は、完全なる至福の感覚である。

29

エネルギーを稲妻のようなものと想像し、各エネルギーセンターを通って一番上のエネルギーセンターまで上っていく様子を瞑想する。最後には、偉大な愛が生じるのを味わいなさい。

この瞑想は、前の瞑想の変化形である。光線が継続的に脊椎を上昇するのではなく、稲妻のように閃光が上昇していく様を想像する。センターから次のセンターへジャンプしながら、一番上のサハスラーラまで続けて上昇していくように。前の節とは異なり、上昇に伴って光はほのかにならない。光が一番上のセンターに達したら、またルートセンターから始める。

最後には、偉大な愛が生じるのを味わいなさい。クンダリーニがついに上昇し始めると、大いなる愛と喜びの感覚が生じる。彼女（クンダリーニ）が上るにつれ、愛の感覚はますます強くなる一方である。彼女が頂点のセンターに達すると共に、その人は解放されている。そして愛の大海を味わう。その人は愛になる。純粋で無条件の愛である。

物質からのエネルギーの解放は、常にとてもパワフルである。これは、基本的には原爆の背景となる理論である。人間の身体からエネルギーを解放すると、私たちは自由になる。ヨガには、この最後の二つの瞑想に似た瞑想がいくつかある。クリヤ・ヨガの多くはチャクラをイメージし、体内のあらゆる経路の中を気づきを使って上下に移動する。だが、直接クンダリーニを上昇させようとするこれらの瞑想は非常に強力である。時によっては危険にもなり得る。どんな場合も、マスターから指導を受けることをお勧めする。この二つの瞑想は、ヨガで他で見られる似たような瞑想よりも比較的、安全である。だがもしこの二つの瞑想を実践中に不快を感じたら、すぐに実践を止めること。マスターに助けを求めるか、あるいはこの文献で伝えている他の１１０の瞑想のどれかを実践することである。

30

12のサンスクリット語の文字を、次々の連続で瞑想する。まずはグロスフォーム（訳註：形を使うこと）で行う。次にそれを脇において、サトルフォーム（訳註：音を使うこと）で行う。次にそれも脇において、シュープリームフォーム（訳註：感覚を使うこと）で行う。最後にそれらをすべて脇において、シヴァになる。

ここで与えられている瞑想は空《くう》に入る、静寂に入るための瞑想である。それを段階的に行う。直接、静寂に飛び込むのではなく、穏やかに静寂に導かれていく。そのようにすることで、より深い静寂に入っていける。

12のサンスクリット語の文字は、母音――a（ア）、e（エ）、i（イ）、u（ウ）、ē（エー）、ai（アイ）、o（オ）、au（アウ）、am（アム）、ah（アウ）である。どの言語の母音を使っても良く、特に慣れ親しんだ言語の母音を使うといい。まず、母音を「見る」。グロスフォームで瞑想するとは、そういう意味である。次に、母音を口に出して言う。これがサトルフォームで、音を介しての瞑想である。音が終わったら、音の微細な波動あるいは「感覚」である。それに集中する。これがシュープリームフォームの瞑想である。最後に、静寂がある。その静寂を瞑想する。これが済んだら、次の母音に移り、この四つのプロセスを繰り返す。まず、その母音を見る。次に、声に出して言う。次に、音が終わった後の微細な波動あるいは感覚を観察する。最後が最も重要で、波動が終わったあとの静寂を瞑想する。この段階で静寂に集中する時間をもっとも長く過ごす。プロセスの最後まで、一貫した気づきを保つこと。

最後にそれらをすべて脇において、シヴァになる。ここには二重の意味がある。まず、私たちは（シヴァのように）静寂になること、そして静寂を瞑想する。これが上記の瞑想の最後の段階である。神は、静寂の中に見つかる。これは、ヨガの教えの中で最も大切な教えの一つである。文献の中には、私たちを静寂に導く瞑想が他にもいくつかある。上記の二つめの意味は、解放されることだ。神になること、あるいは私たちの真の本質を覆っているものを取り払うことである。

31

思考せずに、眉毛の少し上の中間点に集中する。神聖なエネルギーが噴き出して頭頂部まで上り、瞬時に恍惚《エクスタシー》で完全に満たされる。

眉毛の少し上の中間点はヨガの瞑想でとても重要なポイントである。このポイントはブルマーディヤ（Bhrumadya）と呼ばれている。第三の目とも呼ばれる。ブルマーディヤはとても重要なエネルギーセンター、アジュナー・チャクラの前方の部分である。第三の目が開くと、内なる世界への洞察が得られるという。これは古代からのとても大切な実践である。これは『バガヴァッド・ギーター』の中で主クリシュナによって与えられる、唯一の瞑想である。

目の動きは、思考プロセスと結びついている。私たちが考えている時は目が動き、目が動く時、私たちは考える。思考が生じるのを止めるのに最も速く直接的な方法の一つが、瞬きも含めて目の動きを止めることである。

この文献には、同じメソッドを用いる瞑想が他にも載っている。それは目を動かさず、特定のスポットにフォーカスさせるというものだ。目を開いて行う瞑想もあれば、目を閉じて行うものもある。この節では、とてもパワフルなスポットを選んで視点をフォーカスさせる。そのスポットとは、アジュナー・チャクラである。

この瞑想では座り、目を閉じる。目を閉じていれば、眼球は動かないと思うのは間違いである。実際に、私たちが思考している間、眼球は動き続ける。目を閉じて楽に座ったら、両目を上方に向け、眉の中間点の少し上にフォーカスする。目を閉じているので、闇しか見えないであろう。だが、眉の間にポイントを定め、気づきをそこに保つ。このスポットは簡単に見つかる。第三の目は、あなたがそこに注意を向けるのを待っている。あなたの目は、自然とこのスポットに向かう。

そのスポットを見つめ続けることができたら、そこに青か白の光が見えるかもしれない。それが見えたら、すぐにあなたは恍惚に満たされるだろう。光が現れるのを待ったり、現れないからとがっかりしてはいけない。瞑想中の経験は、人それぞれに異なる。重要なのは、目を動かさずにアジュナー・チャクラにフォーカスすることである。あなたはとても深い瞑想状態に入るだろう。そしてあなた独自の経験をするだろう。

神聖エネルギーが噴き出して頭頂部まで上り、瞬時に恍惚《エクスタシー》で完全に満たされる。これは休眠エネルギーのクンダリーニが脊椎を上り、頭頂まで達している様子である。これが起きると、その人は解放されている。

32

孔雀の尾の模様にある五色の円の形をした五つの空《くう》を瞑想する。円が溶けて消えると、その人は内なる至高の空《くう》の中に入るだろう。

五つの空《くう》は五感のことで、触覚、味覚、視覚、聴覚、嗅覚である。孔雀の尾の模様にある五色の円を瞑想する。これらの円は、五感のことだ。

孔雀の尾の写真を見る。そして、孔雀の尾についている五つの円に気づきを向ける。目を動かしたり瞬きしたりせずに、それらをただ見続ける。もし目が疲れたり、涙が滲んできたら、目を閉じる。しばらくしたら目を開け、この実践を続ける。やがて、これらの円は消える。この円が消えるのは、心が消えたからだ。心がなければ、何も見ることはできない。心はデータ処理機のようなものだ。目を通して受け取った入力を処理し、画像化したものを私たちは見ている。脳内の光心がなければ、人は何も見えない。心が消えると、私たちが見ているものは瞬間的に消える。

円が溶けて消えると、その人は内なる至高の空《くう》の中に入るだろう。円が消えると心は消え、その人は解放される。至高の空《くう》は、**神**の別の名である。**神**は内に見つかる。円が消えると心が消え、私たちの真の本質が明らかになる。人は**神**に入る、あるいは**神**になる。

この瞑想では、孔雀の尾に描かれている円を見なければならない。円が消えるまで、継続的に見続ける。消えた時点で、人は悟りに達する。円が消えたからといって、私たちは盲目になったわけでも、何も見えないわけでもない。その時点で心が消えたというだけである。この聖典では心が消える、あるいは溶けるという言葉がとても頻繁に用いられている。これは、心がもう存在していないという意味ではない。心をコントロールできているということだ。心を使いたい時は使えるし、使いたくない時は使わない。大半の人は、心の存在を絶え間なく感じている。人は常に、次から次へと思考している。この内なるお喋りが絶えることは、決してない。ここでいう心が消えるとは、私たちの内が静寂になったことを意味している。もう、常に心を感じてはいない。内なるお喋りは、ついに終わっている。この瞑想では、円が溶けて心が消えている。そして円は再び現れるが、もうすべてが変わっている。心は消えており（または静まっており）、人は解放され、自由である。ずっと小さな村に住んでいた人のようなものだ。彼は外の世界のことを何も知らない。そして旅をすることになり、全世界を見る。彼が村に戻ってくると、彼は変わっており、別人である。村は同じかもしれないが、彼は違う。成長している。彼は経験によって視野が広がっている。同様に、円が再び現れた時、外の世界はそのままかもしれないが、あなたは違う。あなたはもう、解放されている。

33

同じように、徐々に注意を何かにフォーカスする。空間でも、壁でも、偉人でもいい。するとその人は至高の現実に完全に吸収される。

この瞑想は、前のものと似ている。同じ原理に基づいているが、おそらくこちらの方が簡単に実践できるだろう。孔雀の尾の五つの円に集中する代わりに、何でもいいので集中を向ける。空間、壁、偉人の写真、その他どんな物体でもいい。

空間に集中するためには、両目の前の空間を瞬きせずに見なければいけない。しばらくして目が疲れたら少しの間、目を閉じる。そして目を開き、実践を続ける。

同様に、壁で実践してもいい。やり方は二通りある。一つは、何も印のついてない、無地の白い壁の前に座る。これはとても強力な実践である。他には何の物体もないので、心はあっという間に溶ける。私たちのエゴが生き続けるためには、他の物体が必要である。私たちは他の物体を見ることによって自分はそれとは違うことを認識し、自分を分離した存在と捉える。だが、もし見るべき他の物体がなかったらどうだろう？　あるのは白い、無地の壁だけだ。すると私たちの分離の感覚、エゴが溶ける。私たちは全体性と一つになる。二つ目の方法は、壁にある「点」を見続けることだ。瞬きせずに、点あるいは一つのポイントを見続ける。徐々に、その点が褪せ始める。その時、心も褪せてゆく。そのポイントが完全に溶けて消えると、心は完全に溶け、人は至高の現実の中に吸収されている。

この瞑想は、偉人の写真を使っても実践できる。クリシュナやキリストやブッダ、あるいはあなたが尊敬する人物の写真を用いる。目を動かさず、瞬きもせずにその写真を絶え間なく見続ける。この瞑想を実践するためにどんな物体を使ってもいい。あなたが親しみを感じるもの、見ていて楽しいものを選ぶこと。そのような物体を選んだ方が、集中を保持しやすい。

徐々に注意を何かにフォーカスする。目の動きを止め、瞬きさえ止める時、あなたは思考の流れも止めている。これがすべての「見る」テクニックの仕組みである。この瞑想を実践して最初の頃は、瞬きもせず長い間目を開いたままでいるのは難しいかもしれない。目はすぐに疲れ、瞼を閉じずにはいられないかもしれない。しばらく練習を続けるうちに、前よりも長く目を開いたまま保持できるようになるだろう。瞬きせずに目を開けていられればいられるほど、思考のない時間が長くなり、あなたの真の本質の実現に近づくのだ。

34

目を閉じて座り、頭蓋骨の内側に注意を向け、注意をそこに定める。しっかりと集中状態にいることで、徐々に至高の現実を認識するようになる。

すべての瞑想実践は、私たちをすべての生命あるものとの一体化に導く。私たちの感覚器官では、完全な全体像は把握できない。感覚器官は世界の多様性と動きを示してはくれるが、外的世界の根底にある一体性や静寂を示すことはできない。私たちが目を開くと、色々な形や物体が見える。物体の動きもいくらか見える。目を閉じて頭蓋骨の内側に注意を固定させると、闇しか見えない。闇の中には、形も物体も見えない。あるのは闇のみである。同様に、私たちが目を閉じると、一切の動きは見えない。あるのは静寂のみである。

私たちの感覚器官を超越したところへ連れて行ってくれる、シンプルな瞑想実践がある。それは一体性と静寂の場、神と出会う場である。楽に座り、目を閉じる。注意を頭蓋骨の内側、額の後ろのエリアに向ける。その暗闇に集中する。しばらくすると、イメージが見えるかもしれない。見えたら観察し、過ぎゆくに任せる。もし思考が生じたら無視して実践を続けること。

しっかりと集中状態にいることで、徐々に至高の現実を認識するようになる。この実践を続けると、徐々に思考は減っていく。ついには思考が完全に消える。私たちの集中が確固となった時、私たちは**神**を知覚し始める。額の後ろのエリアにフォーカスしたまま、ほとんど思考が起きなくなる。すると、徐々に**神**を感じ始める。思考が完全に止まると、私たちは**神**に達するのだ。

この瞑想を実践すると、思考のない状態でいられることがいかに素晴らしいかがわかる。初めの頃は、この状態はほんの短い間しか続かないかもしれない。ただ目を閉じて額の後ろの暗闇にフォーカスし、静止していると、平安な感覚になる。感覚を閉じ、外界の音を遮断すると、あなたはすぐに内なる平安に導かれるのだ。外界の音よりももっと私たちを邪魔するのは、心の中のお喋りである。心を暗闇と静寂にフォーカスさせることで、心を静止させる。心が静止すると、私たちはまず深い平安の感覚を覚える。この平安が、信じられないほどの喜びの感覚に変わる。たとえこの平安や喜びをほんのわずかな間でも経験すると、人はその経験を切望するようになる。その経験は、外界のどんな経験にも敵わない。そして私たちは非常に重要な何かに気づく——私たちが経験できる最高の喜びは、私たちの内で経験するのだということを。

35

脊髄の中心に位置する中央経路は、蓮の糸のように見える。その中のスペースを瞑想する。すると、女神が道を開示する。

中央経路は、28節で説明したスシュムナ・ナディである。会陰にあるムラダーラ・チャクラから脊椎の中央を通って頭頂まで繋がっている。それは、蓮の糸のように繊細である。通常は細い、白か透明の管のようにイメージされる。その中のスペースについて瞑想する。基底部から始めて、ゆっくりと上に向かっていく。この経路の中に入り、この経路を上っていく。上に向かいながら、この経路の内壁に気づくこと。頂点に達したら、もう一度、基底部から始めて上に向かう。

この実践では、この経路に位置するチャクラやエネルギーセンターを視覚化する必要はない。

この経路の中のスペースをただ瞑想するだけでよい。中央経路は、ヨガではとても重要である。それは数々の瞑想テクニックの基本である。クンダリーニが解き放たれると、中央経路を通って頭頂に上る。頭頂に達すると、その人は悟りを得る。したがって、中央経路はまさに神へ至る道だ。それは休眠エネルギー、クンダリーニが通る道である。この瞑想では、私たちはまさに神への道を歩み進む。私たちは自分の気づきを動かしてこの道、この経路を上る。私たちは神へ至る道を歩いているのだ。神への道を歩むのだから、あなたは神に達する。

すると、女神が神を開示する。これはクンダリーニの上昇のことである。この瞑想を実践し、この経路の中を意識で上ると、クンダリーニがムラダーラ・チャクラから突発し、中央経路を通って頭頂部まで上る。これが起きると私たちの中の神性が現れ、私たちは最高の状態に達する。

これまでの瞑想のほとんどは、私たちの気づきを内に向けさせる。それは、神は内に見出すものだからだ。外的世界は、長くは続かない。私たちに永遠の幸せをもたらすことは、ない。幸せを外界に求めると、私たちは失望を味わう。外界のものはすべて、一時的なものだからだ。すべては変化し、過ぎ去る。お金、成功、セックス、休暇、どれも持続的な幸せをもたらすことはない。休暇を得て旅行に出かけると、リラックスし平安な気持ちになって帰ってくる。だが私たちはそれで一生、平安な感覚でいられるわけではない。高価な車や新しい家などを買っても同じだ。新しいものを購入した時の幸福感は、その時だけのものだ。すぐに褪せてゆく。カタ・ウパニシャッドはこれを見事に伝え、過ぎ去る物事に永遠性を求めないようにと忠告している。一方、私たちの内に見出す喜びや幸せは、永遠である。いつもそこにある。存在するために、外的なものを一切、必要としていない。この喜びを発見したなら、私たちは喜びの永遠の源を見つけたということだ。外的な出来事に煩わされることは、もうない。マスターたちがたとえ惨事に直面してもいつも穏やかなのは、このためだ。危機もいずれは過ぎ去ることを、彼らは知っている。だが内なる喜びは、永遠に彼らと共にあり続ける。

36

眉間の一点に集中していると、光が見える。見えたら、手の指を使って頭の中の七つの感覚の穴を閉じる。光は徐々に溶け、そして人は最高の状態の中で永遠に生きるだろう。

36節の瞑想は、初めは31節の瞑想ととてもよく似ている。目を閉じて、眉の上の中間点に集中する。目を動かさないことが重要だ。眉のすぐ上の、中間点に完全にフォーカスすること。いくらか時間が経つと、光が見える。見えたら悟りのプロセスを速めるために、シャンムキ・ムドラーを行う。シャンムキ・ムドラーは、手の十本の指を使って頭の七つの穴を閉じる。両腕は、地面に対して平行に保つ。人差し指は目を閉じ、親指は耳を閉じ（耳たぶを前に折って耳の穴を閉じる）、中指は鼻腔を閉じ（鼻の外側から押さえて閉じる）、薬指と小指は唇の上と下からそれぞれ閉じる。目は閉じているが、人差し指は瞼の基部を押さえる。

頭部の穴を、必ず眉間に光が見えた後にこのように押さえる。頭部の穴を閉じると、私たちは気づきを内なる大いなる力、眉間の光に向かわせている。外的環境は、完全に切り離されている。すると光はもっと速く溶ける。光が溶けた時、私たちは永遠に最高の状態で生きる。

鼻腔を閉じると、私たちは呼吸ができない。普通は、まず息苦しくなる。だが、光が現れた後は、呼吸はすでに停止している。鼻腔や他の感覚器官は、安全に閉じることができる。

37

目を優しく押さえる。一つの点のような微細な光が頭頂あるいは心臓の中に現れる。そこに溶け込んでいくこと。この瞑想から、人は最高の現実に溶け入る。

楽に座り、目を閉じる。目を優しく押さえる。点状の微細な一点の光が、身体の二箇所、頭頂か心臓の中のどちらかに現れる。この光に深く集中する。この光と一つになること。徐々に、すべての思考が消えていくだろう。そして、人は神の中に溶け入る。

ヨガの瞑想では、光の輝きあるいは一点の光が頻繁に用いられる。これは心をフォーカスさせる非常にパワフルな手法だ。心は、光にたやすく惹きつけられる。光に長時間、集中することができる。ヨガにはトラタカという実践があり、瞬きをせずに蠟燭の炎を見つめるというものである。この節では、内なる光の源を見つめる。光の点は、頭頂か心臓の中のどちらかに現れる。これは、目を押さえて視神経が刺激を受けるためだ。すると閃光のような光が現れる。身体の中に現れるので、その光は闇に囲まれている。あるのはただ一点の光のみで、闇がその周りをすっかり覆っている。すると、その光に集中しやすくなる。あるのは、この光の点だけだ。他に見えるものは、何もない。この光に心を完全にフォーカスさせると、心は静寂になる。その後、人は神に達する。

38

絶え間ない音の川の流れに深く身を浸す。耳を閉じ、神の非打音を聞く。すると神を認識する。

川の流れる音は、自然の音である。絶え間ない音でもある。この実践では、この音に完全に浸りきる。他のすべての音は遮断すること。この瞑想は、目を閉じて行うのが最善である。川の側に座り、目を閉じること。川の音は自然の音なので、心が落ち着く。都市部で聞くような、邪魔な音ではない。心が落ち着く、継続的な音なので、心はもっと静かになる。この状態では、心はもっと簡単に溶け入ってゆく。この音に完全に浸りきる。この音に、完全に溶け入るのだ。すると心はもっと穏やかに、平安になる。すべての思考は絶え、人は神を認識するだろう。

耳を閉じ、神の非打音を聞く。通常、音は二つの物を打つことによって生じる。非打音とは、自発的に生じる音だ。一つの物が他の物を打って出る音ではない。非打音の例として、呼吸の音がある。この音は、人の生涯を通して継続する自然の音である。自分の呼吸の音を聞くというのはきわめて重要な実践で、この文献の最後にも掲載されている。古代ヨギが深い瞑想中に聞いた、一定の宇宙の音というものがある。これらの宇宙の音も、非打音である。これらの宇宙の音を、以下に挙げる。

最も偉大な**神**の非打音は、静寂の音である。**神**は静寂の中に見つかるといわれる。心を静寂にフォーカスすることで、心は「静寂」になる。この実践では、すべての外界の音を遮断するために耳を閉じ、内なる静寂に集中する。静寂に気づいている間、心はおのずと静寂になる。

車のクラクションや、人の怒鳴り声が聞こえるような騒がしい環境にいると、心は乱される。私たちは緊張したり、すぐに動揺する。一方、平和で静かな環境にいると、心は平安になる。海を見ている時、あるいは美しい山を眺めている時、心はおのずと和らぐ。だから、人は海を眺めるのが好きだ。穏やかで平和な海は、すぐに人をリラックスさせる。心が緩やかになる。あまり思考は生じない。これが、この瞑想の効果である。静寂に気づいている間、心はさらに平安に、静かになる。

耳を閉じて静寂に集中していると、宇宙の一定の音が聞こえることがある。この宇宙の音も、非打音である。もしそのような音が聞こえたら、その音にフォーカスすること。それが消えたら、もう一度静寂に集中する。ヨガでは、私たちには、一〇の内なる音が聞こえるという。その音が聞こえるのは、人が神に近づいているしるしである。だが、神を認識しようとしてこれらの音を聞く必要性はない。静寂に気づいているだけで十分である。以下が、その一〇の音である。

(a) 蜂のブンブンという音
(b) 「Chini」という音
(c) 鐘が鳴る音
(d) 法螺貝の音
(e) ヴィーナ（古代インドの撥弦楽器）など弦楽器の音
(f) シンバルの音
(g) 横笛の音
(h) 太鼓の残響音
(i) 二台の太鼓の音

39

おお、女神よ、AUM（オーム）などをゆっくりと唱えなさい。伸ばした音の最後の空《くう》に集中すること。すると空《くう》の至高エネルギーとともに、空《くう》に至るだろう。

『マイトリー・ウパニシャッド』は、神について二つの瞑想法があると教えている。音、そして静寂を通しての瞑想である。音からは、静寂に至る。神の音は、AUMである。AUMの後の静寂は、喜びである。それは神の喜びだ。この節で与えられている瞑想は、マイトリー・ウパニシャッドで説かれている瞑想とほぼ同じものである。

音と静寂は表裏一体である。音は静寂の反対である。静寂の反対であるから、より深い静寂に入るための反動的きっかけとして使われる。例えば、身体をリラックスさせるには二つの方法がある。一つはそのまま、身体を緩めようとすることだ。身体のすべての部分や、筋肉をだらりとリラックスさせる。もう一つの方法は、まず身体を緊張させる。できる限り、すべての筋肉を締め、そして突然、力を抜いてリラックスする。二つ目の例では、身体が自動的にリラックスする。一つ目の方法よりもリラックスするかもしれない。これが、この節と次の二つの節で用いられている基本原理で、音を使ってより深い静寂に入るのである。静寂において、私たちは神に会う。この節のパワフルさは二倍である。音を使って静寂に入るだけではなく、それに用いるＡＵＭの音そのものにも私たちを神に連れていけるパワーがあるからだ。したがって、この瞑想は二通りの作用がある。音が私たちを神に連れていき、静寂も私たちを神に連れていく。

女神よ、ＡＵＭなどをゆっくりと唱えなさい。この瞑想は目を閉じて座って行う。「など」とは神の二つの他の神の神聖な音、Hum と Hrim のことである。AUM、Hum、Hrim の神の三つの神聖な音のどれかをゆっくりと唱えること（AUM は Om と書かれる場合もある）。この音をゆっくり唱える時は、音の最後に向かって強調していくこと。例えば、ＡＵＭを実際に唱える時は AUM mmm となる。

伸ばした後の最後の空《くう》に集中すること。音の最後の空《くう》、あるいは静寂に集中すること。この瞑想は外界の騒音で気が散らないよう、静かな場所で行う必要がある。そうしなければ、静寂に集中することはできないだろう。しばらくしたら、このプロセスを繰り返す。ゆっくりとAUMを唱え、音の終わりの後の静寂に集中する。ある時点で、静寂の中に完全に吸収されるかもしれない。そうなったら、もうAUMを唱える必要はない。静寂への気づきを維持すること。

すると空の至高エネルギーとともに、空に至るだろう。空《くう》、静寂に集中すると、人は深い平安を感じるようになり、時折り、喜びに溢れることもある。さらに次のレベルに引き上げられる時が、やがてくる。深い平安と至福を感じるのだ。その時、人は空《くう》に行っている。**神の元に行っている。**

40

どんな文字でも、その音の始まりあるいは終わりの空《くう》に集中する。その空《くう》のパワーにより、人は空《くう》になる。

パラマハンサ・ヨガナンダは真我実現したインドのヨガ・マスターで、一九世紀後半から二〇世紀前半を生きた。彼はアメリカでヨガの実践、特にクリヤ・ヨガを広めた。ヨガナンダは静寂の重要性を強調した。彼は、静寂は神の祭壇であり、神との対話には静寂が必要であると教えた。静寂への気づきは、心を静めるとても重要な方法である。

この節で与えられている瞑想は、前回のバリエーションである。ＡＵＭの代わりに、どんな音を使ってもいい。あなたが好きな音を選ぶといい。それがあなたの瞑想を助けるだろう。次に、その音を唱える。音が始まる前の空《くう》（静寂）あるいは音が終わったあとの空《くう》（静寂）に集中を向けること。この実践を続ける。すると、静寂にどんどん深く入っていくのがわかるだろう。深くなるほど、より平安になる。

その空《くう》のパワーにより、人は空《くう》になる。空《くう》、静寂は心を静かにする。最終的には、心は完全な静寂になる。すべての思考が絶える。この段階で、人は空《くう》になり、神になるだろう。

座って行う瞑想は、人に平安の感覚を与える。呼吸瞑想、音や静寂を使う瞑想、その他どんな瞑想もだ。平和を感じるには、平安を経験しなければならない。簡単に説明できたり、外の世界で経験できるものではない。それをいったん経験すると、また同じ経験を味わいたいと強く望むようになる。瞑想の実践が楽しみになっていく。その人も、完全に変わる。外的な出来事に、もう煩わされなくなる。公園に散歩に行く、家族と共に過ごすといったシンプルなことに喜びを感じるようになる。もうテレビを付けっぱなしにしておきたいとは思わない。あなた自身との一人の時間さえ、幸せだ。あなたは平安である。一人でいること、平安でいることが幸せである。

41

注意を絶やさずに、弦楽器やほかの楽器の長く伸ばした音が終わりに向かうのを聴く。徐々に減じていく音を聴いていると、そこには至高の空間が生じている。

弦楽器など、楽器の音は美しい。私たちの注意をすぐに惹きつける。そのため、音は継続的に集中しやすい。他にも有利な点がある。徐々に音量が減ずるのだ。通常は、音が消えた後も私たちの心の中に残響や波動がしばらく残る。音が小さくなるにつれ、私たちの気づきはその微細な音を聞こうとして広がっていく。音が終わった後、まだ続いている微細な波動を聞き取ろうとして、私たちの気づきはさらに高まる。最後にその波動が空《くう》の中で終わり、静寂。この頃には、私たちの気づきは大きく高まっている。

この実践は目を閉じて行わねばならない。あなたが聴いていて楽しめる音をえらぶこと。誰かがあなたの大好きな楽器を奏でている音を聴く。もしそれが不可能なら、あなた自身が弦楽器を奏でること。二、三回弾いて、楽器を置く。楽器の音が徐々に弱まっていくのを聴く。音が消えたら、その後続く微細な波動を入念に聴くこと。

この実践のバリエーションを行ってもいい。音と波動が消えたら、あるのは静寂のみだ。この静寂に気づきを向け続ける。音が徐々に弱まっていくのを聴いているうちに、気づきは徐々に高まる。このように高まった気づきは、静寂への気づきへと移る。こうすると、初めから静寂を瞑想するよりも静寂への気づきは高まっている。

音が弱まると共に気づきを維持することが重要である。ここでいっているように、絶え間なく注意を向けて聴かなければいけない。そうして初めて、音が微細になっても気づきは高まっていく。

そこには至高の空間が生じている。至高の空間は神である。神の形を得るのである。

42

自分に聞こえるようにＡＵＭを唱える。徐々に音が弱まっていく。音が空《くう》の中に消えるポイントに集中していると、人はシヴァになる。

この節で与えられている瞑想は、どんどん微細になっていく、その移り変わりにフォーカスする。そういう意味では前の節の瞑想に似ている。ＡＵＭの音は耳に聞こえるように、そしてゆっくり唱えなければならない。音が徐々に弱まっていく。ＡＵＭのＭの部分がしばらく続くように（mmmmm）唱えること。音が消えた後も、しばらく波動が続く。ついには波動が静寂の中に消える。音の波動が静寂中で終わるポイント、音が静寂に切り替わるポイントにフォーカスすること。そのポイントは微細で、気づくためには気づきが高まっていなければならない。このポイントに一度気づけば、あなたの気づきは大いに高まる。

音を唱えているので、気づきを維持しやすい。他の誰かが唱えているのを聞いている場合は心がさまよい、気づきを失う可能性がある。自分で音を口に出していると、心はより注意を向けていられる。

ＡＵＭを聞こえるように唱え、音をゆっくりと終わらせるプロセスを繰り返しながら瞑想を続ける。音の波動が静寂の中で終わるポイントにフォーカスすること。心が静止し、人はシヴァになるであろう。

43

心に思考のない状態で、身体に集中する。空間が全方向に染み渡っている様子を想像する。すると、心はすべてに浸透しているだろう。

『アシュターヴァクラ・ギーター』（ナチュラルスピリット）は、世に存在する宗教文献の中でも最も美しく、光明を説く聖典である。その重要性は、まだ完全に認められていない。『アシューヴァクラ・ギーター』については、あまり多く知られていない。だが、彼が12歳の時、彼の人生であるとても重要な出来事が起きた。その出来事は、次の六つの節をうまく説明している。

アシュータヴァクラは奇形児として生まれた。学者によると、八ヶ所に奇形があったという。彼の父親は著名な学者だった。彼はカースト上位の上流教養人で、ヴェーダやその他宗教文献に精通していた。あるとき、ジャナク王が王宮で討論会を開いた。勝者には素晴らしい褒美が用意された。王国中から学者が招待された。真理や、その他の宗教的話題について討論が行われた。アシューヴァクラの父親は数人の学者を論破した。だが、最後の討論で相手の学者に負け始めた。誰かがアシューヴァクラの元に駆けつけ、彼の父親が討論に負けかけていると知らせた。アシューヴァクラは直ちにジャナク王の王宮に向かった。

アシューヴァクラが王宮に入ると、学者たちは彼を見て笑い始めた。彼の身体の八ヶ所が奇形で、彼が動くと滑稽に見えたので、学者らは笑いを抑えられなかったのだ。驚くことに、アシューヴァクラも笑い始めた。ジャナク王がその時、アシューヴァクラに尋ねた。「学者たちが笑うのはわかるが、なぜあなたも笑い始めたのか、解せないのだが」アシューヴァクラは答えた。

「私は学者たちの協議を見にきたのに、ここで真理について討議しているのは靴の修理屋たちだからです」王宮は茫然と静まり返った。12歳の少年が現れ、カースト上位の上流教養人や学者たちを、身分の低い靴の修理屋と呼んだのだ。ジャナクはアシューヴァクラに、どういうことか説明を求めた。アシューヴァクラは答えた。「この人々は、皮だけを見ています。彼らは私を、身体で判断しています。内を見ていません。私よりも純粋で正直な人間は、なかなかいません。ですが、この人たちにはそれが見えません。魂ではなく、身体を見ています。だから靴屋に過ぎないのです。彼らは皮や皮膚しか見ません。もし鍋が壊れたら、鍋の中の空気も壊れるでしょうか？　私の身体は歪んでいても、私は歪んでいません。私の中を見てください、純粋で正直な人間が見えるはずです」

ジャナク王は、この答えにいたく感心した。王はその時は何も言わなかったが、翌日、アシユーヴァクラを呼んだ。アシューヴァクラに会うと、王は即座に三つの質問をした。「どうすれば叡智、超然、解放を得られるか？」これに対するアシュターヴァクラの答えが、『アシュターヴァクラ・ギーター』である。

このジャナク王の王宮で起きたという言い伝えは、どこまで真実かはわからない。だが、この話はとても重要なメッセージを伝えている。それは、私たちはこの身体ではないというメッセージだ。『アシュターヴァクラ・ギーター』はこのメッセージを繰り返し伝えている。実際、一ページ目（4節）に素晴らしい発言がある。もし私たちが自分の身体から離れることができれば、そして自らの気づきの中で落ち着いていられるならその瞬間、私たちは自由である。「その瞬間」だ。このようなことを言う文献はとても少ない。だが、まず、人は自分の身体から離れなければならない。自分は身体ではなく、気づきであると信じることだ。もし今、あなたにこれができるなら、あなたは今、自由になるだろう。もしできなければ、身体からの離れ方を次の六つの説が示してくれる。

心に思考のない状態で、身体に集中する。同時に、空間が全方向に染み渡っている様子を想像する。楽な姿勢で座り、目を閉じる。身体に気づきを向ける。そこに身体はない、あるのは全方向に広がる空間のみであると想像する。これを最長30分間まで、あるいは楽でいられる限り、もっと長くやってもいい。

すると、人はすべてに浸透しているだろう。私たちの本性は制限がなく、自由で、すべてに行き渡っている。身体は私たちを束縛するものである。私たちは身体ではないと信じると、私たちは解放される。すべてを満たすのだ。

44

上も下も同時に空《くう》として瞑想する。身体とは独立したエネルギーによって、思考は消えるだろう。

身体と一体化していることが問題である。この一体化が、私たちを惨めにする。身体と一体化しなくなると、私たちは至福に満ちる。私たちは目撃者となる。身体が何を伝え、何をしているかにシンプルに気づくのみだ。さらに、あなたの身体の言動に対する他者の反応にも気づくようになる。もう身体と一体化していないので、身体に何が起きても影響されない。もし人があなたに乱暴をしたり殴ったりしても、それであなたは動揺しない。あなたの人生にどんな逆境的な出来事が起きても、ネガティブな影響を受けることはない。進化のこの段階に達すると、あなたの気づきのレベルは高まっている。あなたは気づき、突然、あなたが気づいていることに気づく。気づくことによって、あなたは魂を発見する。それは、あなたの中の目撃者だ。あなたはこの目撃者とさらに一体となっていき、身体との一体性が薄れていく。そうなるとあなたは平安で、外の世界はあなたを解き放ち始める。

ラマナ・マハルシは完全に悟りを得た聖人で、南インドに住んでいた。彼は二〇世紀前半に有名になった。彼は最後にはガンで死んだ。彼をガンと診断した医マスターたちは、彼の状態に感嘆していた。激しい苦痛が伴うはずなのに、彼はまったく痛みを感じなかったのだ。彼は豊かな喜びに溢れ、彼を通して愛が流れていた。悟りを得た彼は、もはやその身体を自分とは捉えていなかった。身体の苦痛は、彼の苦痛ではなかったのだ。日々すべての瞬間を、彼は喜びながら生きていた。彼の身体に起きていることは、彼に影響しなかったのだ。

次の数節は、どれも身体との一体化を壊そうと試みるものだ。身体はある、存在する。だが、私たちはこの身体ではない。私たちは気づきである。私たちは、自分の人生のすべての出来事を観察している目撃者である。

上も下も同時に空《くう》として瞑想する。上とは身体の肩から上の部分、つまり首から上の部分を指す。下は腰から下、下半身である。この瞑想は前の瞑想とは違い、一度に全身に集中するのではなく、二つの部分に集中する。そして、この二つの部分が空《くう》、つまり空虚あるいは存在していないと想像する。この瞑想は座って目を閉じて行う。身体の二つの部分、首から上と腰から下の部分に同時に注意を向ける。この二つの部分が無いと想像する。そこは空間のみ、あるいは空虚になっている。

身体とは独立したエネルギーによって、思考は消えるだろう。エネルギーは身体の中にある。このエネルギーがあるからこそ、身体がある。だが、このエネルギーは身体から独立している。これは神のエネルギーで、身体がなくとも存在する。この実践を通して私たちは休眠エネルギー、クンダリーニを高める。すると気づきが発達し、すべての思考は止まる。

45

同時に上を空《くう》として、下を空《くう》として、ハートを空《くう》として揺ぎなく瞑想をする。すると、思考がない状態によって、永久に思考から自由な状態が生じるであろう。

この節で与えられている瞑想は、前の瞑想を少し変えたものだ。前の瞑想では、身体の上部と下部を空《くう》とした。この実践では、ハートの領域も加えられている。従って、身体の上、身体の下、ハートの領域を同時に空《くう》、空虚の状態と見なす。

楽に座り、目を閉じる。身体の三つの部分——首から上、ウエストから下、ハートの辺りに同時に焦点を向ける。この三つのエリアが無い、空虚になっている。この三つのエリアが無いと思い続けること。代わりに、そこは空虚である。この瞑想に完全に浸りきると、思考から自由になっている。あなたの身体と心が空虚になると、そこに思考者などいられるだろうか？　一定の時間、あなたから思考がなくなると、あなたは永遠に思考から解放される。

注意をいまここに向ける瞑想がいくつかある。いまにいると、心は思考を止める。あるのは気づきのみだ。思考の数が、徐々に減っていく。思考と思考の間の隙間が広がり始める。やがて、すべての思考が止まるであろう。

あなたは身体ではないと信じる時、ではあなたは誰なのだろう？　あなたは気づき、意識、目撃者あるいは観察者で、身体が行うことや考えていることを観察している。これらの瞑想は、私たちを身体から離してくれる。私たちを直接、気づきに導く。私たちは身体ではなく意識であると認識すると、私たちは気づきになる。

私たちのエゴは、分離したアイデンティティの感覚である。普遍の意識ではなく、名前や姿を自分と捉えているのである。これらの節は、これを変えようとするものだ。名前や姿を自分と思うのではなく、私たちは意識に一体化せねばならない。私たちはこれからもこの身体を通してこの世界で活動を続けるが、もうこの身体の所有権にこだわっていない。エゴの消失とともに、私たちの実行者という感覚は消える。マスターはなお、この世界で偉業を成し遂げるが、彼は何もしない。すべては単に、彼の存在の中に起きるのみである。

タントラは「私たちは皆楽しみを求め、痛みを避けようとする、だから私たちは苦しむのだ」といっている。

私たちがお金や成功に取り憑かれるのも、このためである。お金があればもっと楽しみを増やすことができ、苦痛を減らせると思い込んでいる。だが、苦痛を避けることはできない。苦痛と楽しみは二つで一つなのだ。一方だけを得て、もう一方を避けることはできない。裕福な成功者でも、問題を抱えるのだ。

タントラは、苦しみを避ける方法は苦痛を避けることではなく（そんなことは不可能）、身体との一体化を壊すことだという。「私はこの身体である」という概念を諦め、代わりに自分の中の目撃者に一体化せねばならない。それができると、どんなに恐ろしい出来事であれ外の出来事はあなたへの影響力を失う。何が起きようとも、それはあなたの身体に起きているのであって、真のあなたに起きているのではないからだ。目撃者という真のあなたは、一切の外的な出来事には動かされなくなる。そうできるようになると、大いなる平安が得られる。映画を観ている時に似たようなことが起きる。映画を観ていると没頭するあまり、スクリーン上に映るものを観て感情的に反応する時がある。そしてただ映画を観ているだけだと突然気づき、態度はすっかり変わる。リラックスし、映画に影響されずに楽しむ。これは人生においても同じだ。いったん自分自身に気づくと、私たちは人生の過ぎゆくシーンに影響されることなく、眺めていられるようになる。

身体に執着がないというのは、大いなる自由である。人生の緊張とストレスから解放される。どんなことを達成したとか、何を達成できなかったかと煩わされることもない。成功したか失敗したかも関係ない。身体の達成ごとは、もはや一番重要なことではない。目撃者として、意識として、以前はなかった平静さをもって人生の浮き沈みを観察するのである。

46

思考のない状態で少しの間、身体のどこか一ヶ所をただの空《くう》と捉える。すると、永遠に思考から自由になる。その時、その人の形は思考からの自由という壮大な状態に達する。

この実践では、身体のどの部分でもよいので、そこを空《くう》と捉える。あなたにとって瞑想しやすい場所を一つ選ぶ。鼻、指、胸、あるいは他のどの部位でもよい。そして楽に座り、目を閉じてその身体の部分が空《くう》である状態を瞑想する。

身体は、ユニットである。すべての部分は繋がりあっている。一ヶ所に一定の属性があると、全身がその属性を持っている。もし身体の一ヶ所が空《くう》であると、全身が空《くう》である。全身を空《くう》と捉えて瞑想するのが困難な人がいるかもしれない。そのような人は、身体の小さな一部にフォーカスすると簡単にできるかもしれない。身体の一部が空《くう》になれば、全身が空《くう》になる。

思考から自由になる。これが重要なポイントだ。座って行う瞑想はどんな場合でも、その実践にフォーカスしなければならない。もし思考していれば、瞑想ではない。ただ考えているだけだ。瞑想中に思考は生じるかもしれない。次々と連なる思考に埋没することもある。そうなってもいらいらしたり動揺してはいけない。思考していると気づいたらそこで思考を止め、もう一度実践にフォーカスすること。

最後の数節は座って行う瞑想として説明してきたが、必ずしもそうする必要はない。日中いつでも実践できるものもある。イギリスのスピリチュアル・マスター、ダグラス・ハーディングは数年前にヒマラヤで神秘体験をした。突然、彼は頭を失った感覚になったのだ。二つの目だけが宇宙を覗いていた。彼の心は機能を止め、彼はすべてとの一体感を感じた。時間はもう存在せず、あるのはいまの瞬間のみだった。彼はこの経験を『頭がない男——ダグラス・ハーディングの人生と哲学』(ナチュラルスピリット)に記している。彼はこの経験を自分の生徒たちに浸透させようとした。あなたも今、自分でやってみるとよい。あなたの頭がないと想像する。誰かが、あるいは何かがあなたの頭を切り落としたのだ。すると、あなたはどうなるだろう? 心がないのだから、思考はない。いまの中で、どの瞬間もただ、気づいているだろう。

あなたの気づきが成長すると、この頭のない感覚が起こる。突然、あなたの身体との一体性がなくなる。あなたの頭も身体も無の感覚になる。空《くう》である。代わりに、空間の無限の広がりを感じ、この空間との一体感を感じるだろう。すべての生命とあなたは一つに感じ、あなた自身の感覚は無限に広がる。

すると、永遠に思考から自由になる。その時、その人の形は思考からの自由という壮大な状態に達する。悟りを得た人は、接触してくるすべての人に対して平安と喜びを放つ。マハトマ・ガンジーやマザー・テレサに会った人々はみな、彼らのような聖人の周りには愛と慈悲の感覚が流れていると言っていた。彼らがそこにいるだけで、彼らが常に与えていた愛が伝わってくるのだ。人は、かつて偉大なマスターたちが住んでいた場所を訪れる。キリストが教えを説いたエルサレム、クリシュナが生きていたドワールカ、ブッダが悟りを開いたブッダガヤー。マスターたちが亡くなって何世紀も経った後でも、彼らの波動はまだ感じられる。ブッダガヤーはビハール州にあり、インドではもっとも犯罪発生率が高い州の一つである。それでもそこを訪れると、大いなる平安が感じられる。ブッダガヤーには、今も平安の感覚が染み渡っているのだ。

47

おお、無垢な目の者よ、身体のすべての要素が空虚な空間に満たされていると見なしなさい。すると、その観念の中に永遠に定住するだろう。

私たちの思考が、私たちの現実を作る。今日の私たちは、過去の私たちの思考の結果である。明日の私たちは、今の私たちの思考の結果である。これは『ウパニシャッド』、『アシュターヴァクラ』、仏教の『ダンマパダ（法句経）』で重要視されていることだ。この文献のテクニックの一部は、心を使って思考と信念を変えるものだ。新しい思考や信念は、私たちを真の本質に戻すために役立つ。新しい信念は実際、とても重要な霊的真実である。継続して実践すると、新しい信念は条件付けの層を剝がして私たちの真我を顕《あら》わにする。この新しい信念は実際、私たちが見ているものとは相反する。だが、現実とは実際のあるがままである、とそれらの文献は説いている。大半の人は「百聞は一見にしかず」をモットーとしている。霊性主義は、この逆をいう。私たちの見方は信じていることの結果である、というより、私たちの信念の結果である。ヨガは、真の現実を見るためにはあなたの信念を変えなければいけないと説く。信念を変えれば、もっとよく見える。真実が見えるのだ。

何世紀もの間、世界は平らだと人は考えていた。船乗りはそれを恐れ、あまり遠くまで航行しなかった。「端」から落ちてしまうからだ。やがて私たちの知識が増え、目に見えているものは真実ではないことに気づいた。地球は実際は丸かったのだ。霊性主義もそのようなものだ。気づきが高まると、もっとよく見える。私たちの信念が変わると、もっとよく見える。そうして真実が見える。43節から48節までは、私たちの信念を微妙に変えようと試みるものだ。私たちの信念とは、私たちはこの身体であるという信念である。この信念は、ほかの二つの信念に変えられている。私たちは気づきである、私たちは空間のようにすべてに浸透しているというものだ。私たちはある特定の場所に制限されてはいない。この文献の後の方で、新しい信念を導入する素晴らしい節がある。新しい信念をもし実践すれば、永劫への扉が開く。この節も、座る瞑想として実践することができる。目を閉じて、身体の中のすべての要素が空虚で満たされているところを想像する。心臓、肝臓、脳、筋肉、組織、あるいは他のどんな器官であれ、すべてに空虚の空間が行き渡っていると見なす。心臓の中も空間のみ、筋肉の中も空間のみ、脳の中も空間のみ、という風に。

すると、その観念の中に永遠に定住するだろう。すると、私たちは永遠に、空間のようになる。私たちはすべてに行き渡る。言い換えると、私たちは神になるのだ。

48

皮膚を、虚空の身体の壁と見なす。身体の内側は無である。このように瞑想することで、瞑想を超えた場所に達する。

身体を、中身は何もない空っぽの殻と見なす。皮膚は壁のような、外の覆いに過ぎない。中も外も、あるのは空気のみだ。中には神のみ、外も神のみである。すると、もう皮膚との一体化も、身体との一体化もない。気づきと一体であり、神と一体である。『アシュターヴァクラ・ギーター』は、私たちは自分を身体だと考えるから制限されるのだといっている。自分は気づきであると信じると、自由になる。身体は無であり空虚であると信じると、もう自分が身体だとは思わない。それがこの瞑想の作用である。身体を空虚であると見なすと、身体は実在しなくなることに気づく。その時、自分が身体とはもう思っていない。私たちはもっと実体のある、永遠の何かであるとは考えていない。この節はもう一つ、精妙な真実を示している。私たちの身体は本当は無である。実体はないのだ。

身体への執着がなくなると、私たちのエゴは溶けて自由になる。私たちが神との分離を感じるのは、身体を自分と一体化させているからだ。分離していると見なすから、私たちは制限される。自分は身体であると考えなくなると、もう私たちは分離しているとは捉えない。自由になる。鍋の中の空気と、鍋の外の空気の例えと同じだ。鍋が壊れると、空気は一つになる。同様に、身体との一体化が壊れると、もう私たちは神から分離していない。一つになる。神と一つなのだ。

このように瞑想することで、瞑想を超えた場所に達する。瞑想は、終焉《しゅうえん》への手段である。解放への手段である。それ自体の終わりではない。人はいったん解放されると、もう瞑想を実践する必要はなくなる。そうなると瞑想は必要ではないのだ。もう、瞑想を超えた場所に達している。

49

ハートの中の内なるスペースに感覚が吸収されたら、そこにある二つの蓮のボウルの中心に絶

え間なく注意を集中すること。その時、おお、愛する者よ、この上ない果報を得る。

これは自分のハートの中にある、内なる神を見つける実践である。目を閉じて楽に座る。次に注意を体内のハートの辺りにフォーカスする。

ハートの中の内なるスペースに感覚が吸収されたら、揺るぎなく集中すると、もうあなたは感覚に惑わされなくなる。外の音や邪魔が聞こえなくなる。あなたはハートの内なるスペースに完全に吸収されている。するとある時点であなたのハートの中に蓮の花が見えるだろう。蓮の花はボウルの形をしている。二つの蓮が、一つは上向きに、もう一つは下向きに上下に重なっているのが見えるだろう。そうしたら、この二つの蓮のボウルの中に気づきを移す。この二つの蓮の中の空間に集中し続けること。すると一瞬、神の意識が現れる。その後、あなたは至福の中にいるだろう。この節がこの上ない果報を得るといっているのは、このことである。

神は愛だ。ハートは、人間の身体の中の愛の中心と考えられている。だからこの瞑想はハートの内なるスペースに集中する。私たちはそこに愛を見出す。そこに神を見つけるのだ。

50

身体の中心の、吸気が終わるところに心を完全に吸収させる。揺ぎなく集中しているうちに、心の中で安定するようになり、自分の真の本質を認識する。

前の瞑想では神を見つけるためにハートの中に集中した。この実践では、体内の別のポイントにフォーカスする。吸った呼吸が終わるところだ。体内の非常に微細なポイントを感じる必要がある。そのポイントに集中せねばならない。呼吸を追い続けないこと。吸気が終わる内なる場所を感じたら、その場所だけに気づきを向け続ける。この瞑想は目を閉じて行うこと。

呼吸は、生命にとって不可欠なエネルギーである。エネルギーは神からやってきて、神に戻る。この実践では、内なる源――呼吸が終わる中心にフォーカスする。この中心が、神を見つけるところだ。呼吸を使って神を見出せる中心は、二つある。吸気と呼気の間の中心と、呼気と吸気の間の中心である。一つは内の中心、もう一つは外の中心だ。呼吸を用いる他の実践では、呼吸に気づき続ける必要がある。特に、二つの呼吸の間の中心、あるいは隙間である。呼吸のサイクルを追っていき、二つの呼吸の間の隙間には特に注意を払う。この実践では、呼吸を追う必要はない。身体の中で、吸った呼吸が終わるポイントを感じ、体内のそのポイントに気づき続ける。吸気が終わる場所の感覚は、人によって異なるだろう。心臓の中と感じる人もいれば、喉の中と感じる人もいるだろう。眉間の中心に感じる人もいるかもしれない。それは人それぞれである。あなたの体内で吸気が終わる場所を特定したら、そのポイントにフォーカスし続けること。そのポイントに、一点、意識を維持させる。

揺るぎなく集中しているうちに、心の中で安定するようになり、自分の真の本質を認識する。これはすべての瞑想にいえることだ。瞑想を始めると、心が動き続ける時がある。すると、瞑想の成果は落ちる。だが私たちの集中力は徐々に上がり、もっと長く気づきを保てるようになる。心は穏やかになり、思考は減っていく。私たちの気づきは高まり続ける。心はどんどん安定するようになり（なぜなら思考が減るから）、ついにはすべての思考が止まる。その時、私たちの本性がわかる。

51

日中のいつでも、どんな方法でも、どんな場所でもいい。二つの呼吸の間の隙間に注意を定め

る。心を維持する手段は失われ、数日のうちに自由になる。

神に達するには座って行う瞑想だけでは通常は不十分で、進展が遅い。座って瞑想している間、人はいまここに気づきを維持しようとしている。この瞑想的なあり方、気づきを「一日を通して」維持することが重要である。一日のうち30分間だけ座って瞑想を行い、それ以外の時間は一日中、心を自由にさまよわせていては、効率が悪い。私たちが座って瞑想する時、心はある程度は静止する。もし一日のそれ以外の時間に心を奔放に動き回らせると、座って行う瞑想から受けた恩恵の大半を失なってしまう。翌日になって座って瞑想を始める頃には、ほとんどゼロの状態からやり直しになる。だから、座る瞑想を実践するだけではなく、日中を通して気づきを維持しようと心がけることが大切だ。すると、進展が速くなる。

二つの呼吸間の隙間に気づきをフォーカスさせるのは、非常にパワフルな瞑想実践である。これは24～26節に座って行う瞑想として挙げられている。この瞑想は、一日の中でどんな時でも呼吸間の隙間に気づきを向けなければいけない。ただ、呼吸に気づくのだ。すると、二つの呼吸間の隙間に気づくだろう。

どんな方法でも、どんなことをしてでも、二つの呼吸間の隙間に気づくようにすること。確たる意志で、諦めないこと。意志をしっかり定めれば定めるほど確固とした意志を維持でき、気づきを維持しやすくなる。

どんな場所でも、どんな場所にいる時も、例えばお風呂に入っている時、夕食を食べている時、誰かと話している時、二つの呼吸間の隙間に気づき続けること。これが瞑想の目的だ。瞑想状態とは、気づいていることだ。一日中、気づいていることである。すると、一日のすべての瞬間においてあなたは真に瞑想を実践できている。あなたが一人の時は、(二つの呼吸間の隙間に、あるいは他のどんなものであれ)気づきやすいだろう。歩いている時や車を運転している時でもだ。あなたが誰か他の人に話しかけている時は、難しくなる。テレビを見ている時も難しいだろう。一日の中でどんな状況にいようとも、呼吸間の隙間に気づき続けようと努めなければならない。それが、この節の教えである。

心を維持する手段は失われ、使わなければ、弱くなる。身体の筋肉で考えるとわかりやすい。左腕を骨折すると、数週間その腕をギプスで固める。その間は、左腕は使えない。その後ギプスを外すと、左腕は右腕よりも少し痩せているはずだ。左腕の筋肉を数週間使わなかったので、右腕よりも弱くなる。心も同じような仕組みだ。心がいまのようにあり続けるには、思考からまた次の思考へと常に移り変わる必要がある。心を使わない時、思考の流れが止まった時、心はひとりでに静かになる。心を呼吸にフォーカスさせることで、心が思考するのを止めるのだ。心が生き続けるためには、思考が必要である。私たちが思考の流れを止めると、心を生かすものが消える。そして、心はみずから、静かになる。

数日のうちに自由になる。この実践のように、一日を通して気づきを維持し努めると、私たちは急速に神に達する。幾日とかからないかもしれない。数時間あるいは数分で、人は自由になっている。

52

右足から破滅の火が起こり、頭頂まで身体を燃やしている様子を想像する。すると、穏やかな壮麗さを得るだろう。

52節もまた、身体との一体化を破ろうと試みる瞑想である。私たちは身体ではないという、非常に重要な真実を教える瞑想だ。この実践は目を閉じ、座っても、寝て行ってもよい。あなたの右足から破壊の火が燃え上がり、全身を燃やしている様子を想像する。この火が頭頂に達すると、あなたの全身は破壊されているが、「あなたは破壊されない」。身体がなくなっても、あなたはまだそこにいる。あなたは今、気づきあるいは意識であり、身体がなくとも存在できるものである。ここには二つのとても重要な霊的真実が説かれている。私たちの身体が破壊されても、私たちは生き残ること。そして、私たちの本性は意識だということだ。意識は破壊できない。その存続は確約されている。この実践は最初から最後まで数回、繰り返してもよい。

すると、穏やかな壮麗さを得るだろう。この実践によって、私たちの身体への執着が解かれる。私たちは身体ではないことに気づくと私たちのエゴは溶け、分離しているアイデンティティは消える。すると、私たちは自由になる。

恐れなく生きることができれば、それは大いなる恵みである。すべての悲しみは恐れから生じる。恐れは通常、何かを失うことへの恐れである。富、生命、家族、仕事、体裁などを失う恐れだ。大半の人にとって最も大きいのが、死の恐れである。あなたの存在が危険に侵されることを考えると、恐れが生じる。あなたは身体ではないことに気づくと、あなたは破壊できない存在であることに気づく。肉体が破壊されたとしても、あなたはなお生き続けるのだ。死はあなたの身体に起きることであり、あなたは死なない。あなたは破壊され得ないのだとわかれば、すべての恐れは溶けてなくなる。そうしてあなたは真に愛する。誰かがあなたを攻撃したとしても、あなたは恐れない。誰かがあなたを殺そうとしても、あなたは恐れない。恐れがない時、あるのは愛のみ、無条件の愛のみだ。あなたは友人も敵も同じように愛する。なぜなら、価値あるものは決して破壊されないことを知っているからだ。

マハトマ・ガンジーはそのように恐れなく生きた人物である。彼は南アフリカのアパルトヘイト政策に初めて抗議した人の一人である。彼は、インドをイギリスから独立させた人物として、より知られている。彼の素晴らしいところは、彼の抗議手段はすべて「非暴力」だったことだ。彼の革命は非暴力に基づいていた。彼は植民地支配者たちがいかに酷い行為に出ても彼らを憎まず、危害を加えようともしなかった。彼には無条件の愛とすべての人間の命に対する無条件の尊重があった。彼が暴力の脅威にさらされた時、彼はこう言った。「あなたは私を殴り、拷問することはできる。殺すことさえできる。だが、そこに残るのは私の死体だけだ。私の服従は得られない」

53

同様に、絶え間なく注意を向けながら全世界が燃えている様子を瞑想する。するとその人は最高次の状態に達するだろう。

53節は前の節のバリエーションである。この瞑想は目を閉じて座って実践する。身体が燃やされるのではなく、世界全体が火によって燃やされるのを想像する。一つの特定地域、国、あるいは大陸から始めるとよい。その地域が、そこにあるすべてを含めて燃えている様子をイメージで見る。この火が至るところへ燃え広がり、地球上にあるすべてのものを燃やしている様子をイメージする。生きていないものも、生きているものも、すべての形あるものが燃えている。最後に、あなたの身体とあなたが住んでいる場所も燃えている様子をイメージで見る。

全世界とあなたの身体が破壊されても、あなたは生き残っている。あなたの生存は保証されている。この世界や、あなたの身体に依存していない。あなたは神の一部であり、決して死ぬことはできないのだ。この実践を行うと、身体とこの世界との一体化から離れることができる。私たちの神の性質――意識に気づかせてくれる。私たちはこの世界や身体が破壊されていくのを観察する目撃者である。私たちは、この目撃者という気づきの状態を、瞑想から日常生活へと引き続き実践しなければならない。起こりうる最悪の結果――全世界（と身体の）破壊が起きたとしても、あなたの存在に何ら物質的な影響は及ばないことを知りつつ、あなたの人生で展開するすべての出来事を観察者、目撃者として見るのだ。これに気づくと、あなたの心は穏やかになり、あなたは気づきの中で安らぐことができる。マスターたちが惨事に直面しても穏やかなのは、このためだ。彼らは、全世界がたとえ終わっても、彼らは死なないことを知っているのだ。

この節には、日常生活で活用できる偉大な実用的叡智が示されている。生きていれば、誰もが問題に直面する。大半の人は、問題に対処することを楽しんではいない。山積みの問題に直面して緊迫し、うろたえる人もいる。もしあなたの生存が保証されていることがわかったら、あなたは人生を全く異なる観点から見ることだろう。この世界がまるごとすべて破壊されても、あなたは生き続けるのだ。この長期的観点を得ると、あなたの問題の受け止め方は変わるだろう。人生にどのような障害が起きようとも、穏やかで平和でいられるだろう。

もっと大切なのは、人生でどんな出来事が進行している間も、気づいていられることだ。それが、この瞑想の本当の教えである。私たちは身体、あるいは「行為者」ではない。身体はいろんなことを行う。本当の「私」は身体ではない。本当の「私」は観察者、目撃者であり、身体が何をしているか、あるいは何をしていないか、気づいている存在である。何が起きている、あるいは起きていないことに気づいている。常に気づき続けることで、私たちは最高次の状態に達する。私たちは、完全な気づきに達するのである。

54

自分の身体の構成要素、あるいは世界がどんどん希薄になっていき、ついには消えるまでを瞑想する。やがて至高の女神が現れる。

前の二つの節では、身体あるいは世界が火に破壊される様子に集中するというものだった。この瞑想では、身体あるいは世界がゆっくりと消えていく様子を想像する。この三つの節の結末は同じである。身体や世界はもう存在していない。この節で示されているプロセスは異なる。もっとゆっくりで、微妙である。

楽に座り、目を閉じる。身体あるいは世界に焦点を向ける。次に、それがゆっくりと溶けていくのを想像する。例えばもし世界をイメージしているなら、その世界を構成するものすべてがゆっくりと褪せていく様子をイメージする。一つの特定の町や田舎からイメージし始めるといいだろう。次に、その地にいるすべての人々や家がゆっくりと消えていくのをイメージする。形がほのかになっていき、固体性が薄れ、現実性が失われていく。ついにはすべてが消えるまで、このプロセスを続ける。

すべてが消えても、あなたはまだそこにいる。それが重要なところだ。あなたは、世界が消滅しても生き残っており、そのすべてを目撃している意識だ。

やがて至高の女神が現れる。至高の女神は、神とは違う。最後に、私たちの最高次の状態が実現する。私たちは女神あるいは神と一つになる。

55

ゆっくりと、音を立てながら息を吸って吐く。この呼吸が終わる二つの場所を瞑想する。する

と人は解放され、独立を得る。

これまでの瞑想の中で、二つの呼吸間の隙間にフォーカスする瞑想がいくつかあった。これも似ているが、二つの違いがある。ゆっくり、そして音を立てながら呼吸しなければならない。この瞑想は、目を閉じて座って行う。

ゆっくり深く呼吸すること自体が、瞑想実践である。私たちの呼吸のペースは、心の活動と直結している。呼吸のペースがをゆっくりになればなるほど、心はより静かになる。とてもゆっくり、深く呼吸すると、心はほぼすっかり止まる。素晴らしい平安の感覚が私たちを包む。そして、呼吸が完全に止まった時、心を含むすべてのものが静止する。

音を立てての呼吸、あるいは呼吸の音に気づきを向けるということ自体が、重要な瞑想実践である。それについては後半で述べる。例えば音を立てて呼吸すると、呼吸への気づきを維持しやすい。もし呼吸への気づきを維持しなければ、二つの呼吸間の隙間を逃してしまうだろう。だからこの節が与えられている。呼吸と、二つの呼吸間の隙間への気づきを維持しやすくするためだ。

音を立てながらゆっくりと呼吸し、呼吸に気づきを向け続ける。二つの呼吸間の隙間に気づき続けること。ゆっくり呼吸すると、心もおのずとスローダウンする。音を立てて呼吸することで、呼吸と、呼吸間の隙間に気づき続けることができる。心が静止すると安らぎの感覚が始まり、深い平安、そして喜びが生じる。

ほとんどの人は、人生からすべての問題がなくならなければ幸せになれないと誤って思い込んでいる。実は、この思い込み自体が問題だ。私たちの幸せや喜びは、外にあるものに一切、依存しない。また、人は、もっとお金があればもっと幸せになれるとも考えている。お金があれば大体の問題は解決できる、排除できる、あるいは望みを叶えられる、だから幸せになれると。実際には、お金があっても問題は続く。裕福な人だからといって問題が消えることはない。ヨガは、お金や問題のない人生によって幸せになるのではないと教えている。人はお金を持つことで幸せにも不幸にもなり、お金がなくとも幸せにも不幸にもなる。私たちの幸福や喜びは、心によって決まる。心がある限り、人は完全に喜びに溢れることはできない。心がなければ、人はただ喜びに溢れるのみで、決して不幸にはなり得ない。心の活動が少ないほど、気づきがより高まり、喜びに溢れていく。心が完全に消えた時、人は完全な気づきを得て完全な喜びに満ちるのだ。

56

全宇宙にあるものすべてが一連の流れで溶けていき、物質の状態から希薄な状態へ、希薄な状態から至高の状態へ溶けゆく様子をイメージする。自分の心がついには溶けるまで続ける。

この世界は、神の一部である。世界は神から流れ出たものだ。ここでは、そのプロセスを逆行する様子をイメージする。波がまた水へともどっていくように、鉢が溶けて泥に戻るように、あるいはブレスレットが溶けて金属に戻ってゆくように、この世のすべてが溶けて神に戻る様子を瞑想する。

この瞑想は楽に座り、目を閉じて行う。全世界あるいは宇宙がゆっくりと溶けていく様子を想像する。まず、固形物として見る。次にそれが液体化するのを想像する。その後、ガスあるいは蒸気になる。最終的には空間だけになる。何もない空間だけになると、気づきがある。すべては意識の中に溶けていった。あなたはこの空虚なスペースに気づいており、その気づいている「あなた自身」に気づいている。この段階では、存在するのは唯一、**観察者**のみであり、その**観察者**とは**神**である。他に存在するものはない。この瞑想は、究極の現実をあるがままに示してくれる。ただ存在するのは**神**のみであり、**神**は自らに気づいており、気づいている自分自身に気づいている。この瞑想の最後には、あなたはそのようになっている。他に何もない。宇宙は溶けている。いるのは、気づいているあなたのみだ。そして、あなたは自分が気づいていることに気づいている。

自分の心がついには溶けるまで続ける。この瞑想は、私たちが意識であることに気づかせてくれる。私たちの中には、二つの自己がある。思考し続ける心がある。これは私たちのエゴの自己だ。私たちのエゴは、実在しない。影のようなもので、実体がない。そして、気づきがある。人生のすべての出来事を観察している、私たちの中の目撃者だ。これが私たちの真の自己だ。この節は、心やエゴに一体化するのではなく、私たちの中の目撃者との一体化を促してくれる。自分と意識を同一視するようになると、心は溶け始める。ついには、私たちの心はすっかり溶ける。

この実践では、世界とそこにあるすべてのものが溶けていく。あなたの身体という分離したアイデンティティも溶けて一つになる。あなたの分離したアイデンティティが溶けると、あなたの心も溶ける。最終的にすべてがなくなるが、まだ意識がある。すべては意識の中に溶けていった。意識は至高の状態である。**神は意識だ。意識あるいは気づきは、宇宙全体の根底にある真の現実**なのだ。

57

宇宙全体が、その端から端までのすべてがシヴァの一部であると瞑想する。このように瞑想することで、偉大な目覚めが起こる。

ブッダは、乗り物は車体と車輪がある特定の形に配列されたものだと言った。拳は、指と手が特定の形に配列されたものだ。もっとも真の意味では、乗り物や拳は分離した存在ではない。一定のパーツが一時的に配列されたものだ。同様に、宇宙は絶対的意味において分離した存在ではない。**それは、ある特定の形をした、神の配列である。**これが、この節が伝えようとしていることだ。拳は分離した存在ではなく、指と手を握っている間の一時的な状態であるのと同じように、宇宙のすべては**神**の一部である。すべては、**神**がある特定の形に配列されたものなのだ。

座って、宇宙を瞑想する。宇宙を分離した存在としてではなく、神の一部として、神の一つの形としてイメージする。宇宙が神で満たされている様子をイメージで見るのだ。宇宙の隅々まで神が満ちていくのを想像する。空気が鉢を満たし、周りも流れているように、神が宇宙を完全に満たし、周りも流れている様子を想像すること。

58

おお、偉大な女神よ、この宇宙のすべてが空《くう》であると見なしなさい。すると心は溶け、空《くう》の中に吸収されるだろう。

これは空《くう》（void）あるいは空虚（emptiness）の一つ目のテクニックである。この文章の後半に、ほかにもいくつか示される。ヒンドゥーの文献でこれほど多く空虚について説明が出てくるのは、珍しい。この概念は、仏教でもっと頻繁に出てくるものである。

シューニャ（shunya）、空虚（emptiness）あるいは空《くう》（void）の真の意味は何だろうか？
この節では宇宙を空虚と見なしなさいというが、何が空虚になるのか、と人は尋ねるだろう。分離した自己が空虚になること、分離した存在が空虚になること、それが空虚あるいは空《くう》の意味することである。空虚は、宇宙にいる人間たちやすべての物体にも当てはまる。すべての中に分離した自己はなく、**神**で満ちている。それがこの伝統における空虚の意味だ。分離した存在は何もなく、**神**のみで満ちており、すべてが繋がり合っている。すべては一つであり、**神**である。ヨガとタントラの非二元的伝統には一つの基盤がある。宇宙と、宇宙のすべての存在は分離したものとして存在していない。それらは**神**の形としてのみ、存在している。

この節は座って瞑想することも、あるいは一日を通してこれを思考あるいは信念として思い続けることもできる。この瞑想は、前の瞑想のバリエーションである。前の節では、宇宙は分離した存在がなくすべては**神**の一部として瞑想する。この節では、宇宙をただ空虚であると瞑想する。実在はない。無である。この瞑想を信念として実践し、純粋に信じるようになると、この瞑想は威力を発揮する。この節は、宇宙についての真実を述べている。宇宙は現実ではない、幻想である。分離した存在はない。このように信じるようになると、あなたは劇的に変化する。あなたが目にしているものは無であるとわかっているのだから、その中で好ましいものなどあり得ようか？　何も重要ではない。あなたは問題について心配しなくなる。もう、結果に執着しなくなる。何かを手に入れなければ、あるいは達成しなければという願望に、もう依存はしない。それでも目標はあり、それを達成しようと努めるかもしれないが、達成できなくてももう気にならない。お金がなくても構わない。人生のストレスや緊張は消えるのだ。

58節は、世界についての信念をただ変えるだけではなく、私たちの世界観を変える。世界の見方、捉え方を変えるのだ。この原典には、他にも私たちの視点を変える瞑想が載っている。視点が変わった時、何かの見方が変わった時にあなたの理解は成長する。例えば、もし世界の中に立って世界を見ると、世界は平坦だと思うだろう。次に外宇宙に出ていってそこから世界を見ることができたら、世界は丸いことがわかるだろう。私たちは何かを見る角度や見方を変えることによって、さらに理解することができる。

視点を変えるのは、心を静かにするとてもパワフルな方法である。うまくいけば、あっという間に結果が出るだろう。場合によっては、数分のうちに心は静止する。

世界が無であることが見えたら、あるいはわかったら、そこに考えなければいけないものなどあるだろうか？　すべてが無なのだ。この世界についてのすべての思考、そこで起きているすべての出来事、特に私たちの人生も無である。全世界が、そこで起きているすべてごと無であること、何も重要ではないことがわかれば、何を考えるというのだ？　考えないだろう。その時あなたの心は溶け、あなたはいまを生き始める。

すると心は溶け、空《くう》の中に吸収されるだろう。この空《くう》は、神のことだ。人は、神の中に吸収される。

59

ボウルや何かの器を、仕切りを見ずに眺める、スペースの中に吸収されるその瞬間から、人はスペースでいっぱいに満たされる。

ボウルの中のスペースを見る。ボウルではなく、スペースだけを見るように努める。ボウルの側面と底面はボウルを形作っている。ボウルの側面や底を見ずに、ボウルの中のスペースに集中すること。最初は、スペースとボウルが見えるかもしれない。

徐々にボウルが褪《う》せていく。やがてボウルが消え、スペースだけが見える瞬間がくる。その時、心は消え、人は解放されている。

スペースの中に吸収されるその瞬間から、人はスペースでいっぱいに満たされる。この瞬間、人にはスペースだけが見えている。スペースの中に吸収されるとは、スペースだけが見えているという意味だ。ボウルは消えている。人はスペースでいっぱいに満たされる。人は至るところに行き渡っている。人が解放されると、もう身体に制限されていない。スペースのように遍在する。スペースが至るところに存在するように、人も至るところに存在している。解放された人は、もう分離を感じない。万物と一体化している。人はすべてのものと一つであるという、自分の性質の真実に気づく。だから遍在する。至るところにいる。

現実には、一つしかない。分割はない。私たちは感覚を通して分離を見ている。解放された瞬間、私たちはすべてのものが一体であることを見てとる。分離がないことがわかる。心は、大きなデータ処理機だ。心は目が受け取ったデータを処理し、そうやって私たちは物体を見ている。心が消えた途端、私たちが見ていた物体は消える。だからボウルは消え、スペースだけが見える。少し経つと、ボウルは再び現れるが、すでに人は解放されている。

このような「見る」テクニックはすべて、眼鏡やコンタクトレンズを外してから行わなければならない。そして、瞬きせずに実践せねばならない。目が疲れたら、少しの間目を閉じる。そしてもう一度目を開けて、実践を続けること。

60

広大にひらけた場所、木々も山も壁も何もない場所に視点を向ける。心が完全に溶けると、人は新たに生まれ変わっている。

私たちの真の性質は、無限である。私たちを制限しているのは、心とエゴである。この瞑想は無限に広がる大きな地域を見ることで、心が課す制限を破ろうとするものだ。心は無限と共存できない。心は制限や境界線や定義を生み出すという性質がある。この実践では境界線も木々も山も、いかなる制限もない広大な地域を見る。そこには、定義するためのものが一切ない。心が処理できるものが一つも無い。心は、考える対象を必要とする。思考は、対象がなければ生じることができない。心は、無を考えることはできない。思考しないので、静かになる。この瞑想では、この場所に見る対象がない。この場所には山も川も村も壁も何もないので、この場所を定義するものが何もない。無である。心の存在を支える具体的な対象物がないので、心は溶ける。

この瞑想では心を溶かすために二つの要素が用いられている。一つは場所が広大であること、ほぼ無限である。心は存続するためには有限なもの、制限が必要である。二つめは、見るべき物体が何もないことである。心は考える対象を要しており、存在するためには物体が必要である。無限にフォーカスすることで、人は無限になる。心によって課せられた制限は壊れる。人はエゴあるいは制限された自己を超える。この場所には物体がないので、心は思考停止する。短い間、心の思考停止が続くと、一切の思考が止まる。すると心は制御可能となる。もう、心を通過していく制御不可能な思考の流れは途絶えている。

見る対象物がないというのは、他にも重要な理由がある。見る対象がなければ、主体もない。私たちのエゴは、自らを定義するために客体を必要としている。私たちとは異なる物体あるいは私たちから分離しているものを使って、それとの関係性によって自分を定義することができるのだ。例えば私たちは他の人、動物、動かない物体などを見て、それとは異なる存在として自分を定義する。だが、何も物体のない場所を見ている時は、自分を比較する対象がない。何もないので、私たちと分離しているものがない。私たちから分離しているものが無い時、私たちはもう分離していない。私たちのエゴは溶け、全体性と一つになっている。私たちは神と一つになっている。

心を溶かしやすくする、見るテクニックすべてに共通の要素は他にもある。それは、瞬きをせずに見つめることだ。瞬きをしなければ、思考は自動的に止まる。この瞑想は瞬きせずに行わなければならない。見る瞑想はすべてそうだが、目が疲れたら、少しの間目を閉じること。そしてまた目を開き、実践を続けること。

心が完全に溶けると、人は新たに生まれ変わっている。心が消えると、人は完全に別人になっている。生まれ変わったようなものだ。あなたは古い習慣、古い信念、古いアイデンティを失う。今や新しい人間になっている。外的環境に関係なくあなたは平安で喜びに満ちている。それまでと変わりなく同じ問題は起きるかもしれない。だが、もうそれに対するあなたの反応は完全に別物だ。他の人々が不幸と呼ぶような環境にいても、あなたは平安なままである。あなたのこの変化に、人々は気づくだろう。そして、どうして平安でいられるのかを尋ねてくる人もきっといることだろう。

61

自分が二つのことを考えていることに気づいたら、二つとも同時に両脇に置いて、その二つの中間にいなさい。その二つの間の中心で、人の真の性質が輝きを放つ。

二つの思考が一緒に起きたら、その二つの思考を両脇に置いてその間の中心にいること。二つの思考の間の中心には何があるのだろう？　その中心には、気づきがある。二つの思考の間で、人は気づいている状態になる。人は思考している時、気づくことはできない。思考の連鎖に埋没するからだ。

その二つの中間にいなさい。気づきの中にいること。一日を通して気づいている状態でいること。

『ヴィギャン・バイラヴァ』は、時にセンタリングの聖典と呼ばれる。センタリングとは中心にいること、気づきの中で生きることである。通常、私たちは周囲の外の世界に注意を向けている。注意の一部を反対側の私たちにも向けていると、私たちは気づきの状態になる。自分に気づいている。自分自身に向ける注意の量は、変動する。注意の大部分を自分に向け、少量を外に向ける時もあれば、その反対もある。少なくともいくらかは、たとえ一％でも自分に向けなければいけない。もし内に注意が向いていなければ、その人は気づきの状態にいない。外の世界に埋没している。誰かと会話している時は、そうなることが多い。自分への気づきを失うのだ。

真の中心は、私たちの中にある。私たちは自分の中に**神**を見つけ、自分の中で**神**を体験する。感覚や、感覚が認識するすべてのものは周辺にある。気づきの状態では、自分にも気づいている。つまり私たちの中心に気づいている。気づきは私たちの真の性質である。気づきを通してこそ、私たちはもっともっと高い気づきに達していく。完全に気づいている時、私たちは**神**になる。**その二つの間の中心**で、人の**真**の性質が輝きを放つ。

この節は、二つの思考が共に生じたら、それらを両脇に置くようにと指示している。これは滅多に起きることではない。私たちは通常、二つの思考が同時に生じることはない。通常は思考は連鎖する。一つの思考から次の思考へと繋がるのだ。実用という面では次の節がさらに適切である。

62

心が一つの思考を離れた時に、他の思考へ移るのを抑制すると、心はその間で休息する。その中間の状態にいることで、人の真の性質が鮮やかに開花する。

私たちは通常、時間は過去と現在と未来から成ると考えている。ヨガでは、今を時間の一部とは捉えない。今の瞬間は、永遠への入り口である。過去と未来は、時間である。それらは幻想と見なされている。

過去と未来は存在しない。今この瞬間しか存在していない。どんなことが起きようとも、今起きただけで、過去にも未来にも起きていない。私たちは思考する時、必ず心は私たちを今から過去や未来へ連れていく。私たちを幻想につれていくのだ。思考していない時、私たちは気づいている。今を生きているのだ。だから気づいているとは、今を生きること、今の瞬間に気づいていることだ。これはすべての節が教えていることである。思考を止めなさい。過去や未来に行くのをやめる。気づきを維持し、今の瞬間の中で生きる。これがヨガの教えの中心だ。気づきの中で生きること、一日を通して気づいたままで生きることである。座って瞑想を実践する時はよく注意を払い、瞑想テクニックに従っているので今の中にある。だが、座って瞑想している三〇分の間だけではなく、一日を通して気づきを維持することが重要である。この瞑想は一日中、気づいたままで過ごしなさいと伝えている。もし思考が生じたら、思考から離れること。今に戻るのだ。

その中間の状態にいることで、人の真の性質が鮮やかに開花する。中間の状態とは、気づきである。気づいていることで、今の中を生きることで、人は解放される。今の中に神を見つけるとは、人生の皮肉の一つだ。私たちは通常、救済を未来に見出そうとする。これは日常生活においても言える。私たちは、未来に何かが起きて、やっと初めて幸せになると思い込んでいる。いくらかお金が貯まったら、子供たちが落ち着いたら、あるいは休暇旅行に出かければ、あの家を買えばと。未来は幻想だ。罠である。未来に救済はない。お金が貯まっても、あるいはあの家を買っても、私たちの人生は実質的には変わらない。新しい問題は現れ、艱難は出現する。今の瞬間にのみ、私たちは大いなる喜びを見出せる。ブッダは今を生きること、今ここに注意を払うことを重視していた。これは彼の教えの中心の一つだ。実際に、あなたがどんな道を選ぼうとも、神に達するためには何らかの形で気づきが求められるのだ。

この瞑想を実践するには、今の中へ深く移行していくことだ。あなたのすべての行為を瞑想にすることだ。瞑想とは、ただ気づくことである。歩いている時は、あなたが歩いていることに気づくこと。お風呂に入っている時は、水があなたの体内に流れてくるのを感じること。話している時は、話しているあなた自身を観察すること。今の瞬間に完全な注意を向け、あなたにもたらすすべてのものを見ていること。今すぐにそうすること。すべての緊張や不安は、瞬時にあなたの元を去る。明日何が起きるか、あるいは起きないかという思考もない。今の中で生きる時、あなたは安らいでいる。済ませなければならない用事や、それを終わらせたらやっとくつろいで休めるのだという風に一日の計画を延々と立てることもなくなる。代わりに、今の瞬間の中にいることで安らいでいる。未来のことを心配しないからではなく、ただ今を十分に楽しむことで重荷が取り払われているからである。ただすべきことはすべての瞬間を今の中に生きること、それだけでよい。

今を生きていると、平安と祝福の素晴らしい感覚が起きている。心はもう、動き回っていない。その時、制御不能な心があなたに苦しみをもたらしていることに気づく。少しの間、心をただ止めるだけで、大いなる平安を感じる。また思考が生じたら、思考から離れてまた今に戻る。今の中で生きるのは、素晴らしい経験である。いったんこれを実践すると、もう決して止めたいとは思わない。おのずと、あなたはもっと今を生きるようになっている。

ここで疑問が生じる。問題に直面したらどうすればよいのか、と。今を生きることで、人生に伴う問題を避けているのではないか？　と。未来に生じるかもしれない問題に向けて計画しておくべきではないのか？　心は、道具である。人生の浮き沈みの中を進んでいくために、役立たせるべきものだ。私たちの問題を解決するために心を使うべきではないのか？　そう、心は道具であり、問題解決に使うとよい。だが、ヨガは、問題解決にもっと役立つのは内に行くことだと教えている。心が解決するのと、**神**が問題解決をするという選択肢があるとしたら、あなたはどちらを選ぶだろうか？　心は電球のようなものだ。あなたの問題に光を当ててくれる。**神**は太陽のようなもので、電球よりも大きな無限の光を与えてくれる。**神**に答えを求めるなら、あなたの問題に完璧な解決策が得られる。だから**神**に答えを尋ね、そして内に行くことだ。自分にあるとは思えなかった洞察に恵まれることだろう。答えは即座に、閃光のようにやってくることだろう。外にあるものから答えを受け取る場合もある。これから読む新聞の記事に、あるいは観ているテレビ番組の中で、あるいは次に誰かと会話した時などだ。これまでの偉大な発見はすべて洞察という形で、一瞬の中に現れたものだ。アインシュタインの相対性理論でさえ、そうだ。洞察は、延々と続く心の論理的思考からはやって来ない。

また、未来に起きる「かもしれない」問題について考える必要もない。未来は、未来に任せておくのが最善なのだ。私たちは問題に直面すると、起きるかもしれない未来の問題についてあれこれ考える。例えば失業したら、次には破産する、家を失う、飢えるのではないかとまで考え始めたりする。このような思考には通常、心的なイメージが伴う。このようなネガティブな思考はすぐに止めなければならない。まだ起きてもいない問題を考えるのは、無意味である。問題が起きたら、その時に対処すべきである。私たちの思考は、未来の現実を生む。ネガティブなことをあれこれと考えると、ネガティブな結果を招く傾向が強くなるだけである。

たとえ目前に問題が起きているとしても、今を生きなければいけない。その問題を解決するために「今」何ができるかを考えてみることである。他にも問題が起きると考えるのではなく、今起きている問題について何ができるか、解決を探ることだ。心配は無駄な思考活動で、何の解決にもならず、解決策が見つかるわけでもない。あなたの健康を損なうだけだ。今の中で生きていると、あなたの心は静まる。心が静止している時にのみ、問題への解決策は見つかる。

心が静かな時に初めて、洞察を受け取ることができる。問題についての洞察、問題の解決策をである。したがって、どんな惨事に直面しても、今の中で生きることである。

問題は不幸に見えても、必ず、結局は幸せをもたらすものである。「必ず」だ。たとえ何年もかかったとしても、いずれそれは恩寵《おんちょう》であることがわかる。問題は、ガイドのようなものだ。問題は私たちを進化させ、**神**に達せるように促す。ブッダは悲しみは洞察の閃光であると例えていた。稲妻が光ると、暗闇に潜んでいるものが突然見える。同様に、悲しみは高次現実を見せる洞察の閃光のようなものといえる。私たちが家に向かう道を見せてくれるのだ。したがってあなたの人生にどんなものが起きようとも、一つ一つの環境はあなたにとって完璧なものであり**神**へ至らせるものと知り、起きたことを受け入れて信頼することである。

気づきの中で生きていると、**神**が私たちの面倒を見てくれることが私たちには直感的にわかる。未来のことを心配して延々と計画を立てる必要はない。私たちに必要なものはすべて与えられることがわかるのだ。実際この聖典や他の多くの聖典に書かれているが、気づきのレベルが高くなるにつれ、望みは早く物質化する。これを理解すると、私たちは人生のことをあれこれと考えないようになる。リラックスし、今の中で生きるようになるのだ。だから**神**を信じ、神は私たちに必要なものはすべて、必ず提供してくれるのだから神を信頼することだ。聖書にこれを説明している素晴らしい文章がある（マタイ6:25-34）。

「それゆえ、生きるための食糧や身に着ける衣について心配するのはやめなさい。生きるとは食糧以上のもの、身体は衣以上のものです。空を飛ぶ鳥を見なさい。鳥たちは種を撒いたり収穫したり納屋に保存したりはしないが、天にまします父が鳥たちに食糧を与えている。あなたは鳥よりも価値ある存在です！　心配することで、あなたの人生に何か一つでも足しになりますか？　なぜ衣の心配をするのですか？　野原でどのように百合が育つのか、考えなさい。百合は働いたり紡いだりしません。ですが壮麗なソロモン王でさえ敵わないほど、百合は美しく着飾っている。

今日、神が野原の草にそれほど美しい衣を着せているのなら、そして明日惨事が起きたなら、神はあなたにさらに多くの衣を着せるのではないか？　あなたはなんと彼を信じていないことか！　不安に尋ねてはいけない、『私たちは何を食べていけばよいのか？　何を飲めばよいのか？　何をまとえばよいのか？』と。まずは天の王国を求めなさい。そうすれば、すべてのものはあなたに与えられるでしょう。それゆえ、明日の事を心配するのはやめなさい。明日は、明日がどうにかしてくれるのです」

63

思考のない心で揺るぎなく、あなたの全身あるいは全宇宙が意識を持っていると捉えなさい。それが至高の目覚めである。

私たちの真の性質は意識と喜びである。ヨガでは、すべての物質はエネルギーでしかないという。もしもっと深く見れば、エネルギーの背後に意識があることがわかるだろう。これは座って瞑想しても、あるいはこの思考あるいは信念を一日を通して保持しながら過ごしてもよい。

座って瞑想するなら、目を閉じて行うこと。注意を身体か、宇宙に向ける。身体あるいは宇宙が今のような形では存在していないと想像する。あるのは意識、あるいは気づきのみだ。

思考のない心で揺るぎなく、捉えなさい。あるのは意識のみで、身体はないと思い続けること。それが、この節の「揺るぎなく」の意味するところだ。継続して、その一点を信じ続けること。心が揺らいではいけない。この瞑想は、私たちはこの身体ではなく意識であるという重要な真実に私たちを導いている。身体は、私たちのエゴにとって重要な部分である。身体は、私たちに分離したアイデンティティの感覚をもたらす。私たちが身体との一体性から離れると、エゴは溶け、私たちは自由になる。

この瞑想は、一日を通して実践することができる。私たちの信念を変えることが要求されている。大半の霊的文献は、私たちの思考が現実を創造すると教えている。私たちは、自分が思考したものになる。これは『ウパニシャッド』、『アシュターバクラ・ギーター』、仏教の『ダンマパダ』でも述べられている。誤った方向に心が向くと、最悪の敵よりも危害を被るとブッダが説いていたのも、このためだ。同様に、よい方向に向いた心は、両親や親友たちよりも私たちのためになる。だから、敵や親友のことを案ずるよりも自分の心を制御し信念を変えることの方が重要である。とはいえ、殆どの人がそうはしない。大半の人は自分の幸せの鍵は他人が持っており、その人々が幸せを与えてくれると誤って思い込み、他人を追いかけようとする。また、敵に危害をもたらされるかもしれないと心配もする。だがいちばんの危害は自分が自分にもたらすもので、他人にもたらされるものではない。これは心のなせる技で、自分を制限する信念と思考によってもたらされる。同様に、人が受け取れる最大の幸せは本人次第であり、他人から与えられるものではない。それは心を制御し、自分には限りがあるという信念を正すことで可能になる。

自分の信念を調べれば、その信念があなたの現実を創造していることがわかるだろう。人は根本的に不誠実で罪深いと信じていれば、不誠実で罪深い人が何度もあなたの人生に現れるだろう。人生をよりいいものに変えるためには、信念を変えることが必要だ。ネガティブな思考を捨て、ポジティブな信念に入れ替えなければならない。例えば、人はいつかお金がなくなるのではないかと不安になることがある。金銭的状況を改善するためには、まず神が私たちの内にいることに気づかねばならない。すべての豊かさの源は、私たちの中にあるということだ。人はどのようにこの源を活用して外的人生に富を創造するのか？　答えは、心を脇に置いておくことだ。心は制限を生み出す。自分は年老いすぎているから、コネがないから、懸命に働かないから、あるいはお金には限りがあってすべての人に行き渡るほど存在しないから、だから自分は十分にお金を稼げないのだと心は伝えてくる。心が生み出すこのような自分を制限する信念を拒絶し、脇に置かねばならない。思考するのを止めて気づきに戻らねばならない。私たちが気づき、心が制御下にあると、ネガティブで自己制限的な信念はおのずと消える。そうなると、とても速く結果を創造するようになる。気づきが大きければ大きいほど、早く結果を生み出すのだ。完全に気づいているならば、私たちは結果をその瞬間に創造する。

63節は、永遠への扉を開く信念を与えてくれる。真の現実についての思考を与えられているのだ。身体と宇宙は、意識以外の何ものでもない。私たちは身体ではなく意識であると信じるようになると、私たちは目撃者になる。私たちは、自分の身体が行っていることや人生の出来事から距離を置くようになる。シンプルに、私たちの目の前で繰り広げられるすべての出来事の観察者になる。もう私たちは身体ではなく、意識である。すると心は静止し、私たちは解放される。

気づきの中で生きる時、私たちは喜びに満ちる。気づきは、暗い部屋を照らす光のようなものだ。光は、それまで闇に隠れていたものを見せる。同様に、気づきは常に私たちの中にある喜びを引き出してくれるのだ。

64

吸う息と吐く息が会うポイントに集中しなさい。するとヨギに、完璧な理解が誕生するだろう。

呼吸に気づきを向けることは、心を静めるとても直接的な手段である。数多くの呼吸テクニックがあるのは、そのためだ。似たものが多く、ほとんどはあらゆる気性の人に合うように少しずつ変えられたものが大半である。この瞑想は目を閉じて座って行う。この実践では呼吸にフォーカスし、二つの呼吸の間の接点に意識を向ける。吸気と呼気の間でもいいし、呼気と吸気の間でもいい。人によっては「呼吸間の隙間」ではなく、「二つの呼吸の繋ぎ目あるいは接点」と捉える方がよいかもしれない。二つの呼吸間の繋ぎ目は、非常に微細だ。気づきが高くなければ難しい。高い気づきを呼吸とその繋ぎ目に向けることで心が静止する。その時、人は解放されている。

65

身体全体あるいは宇宙全体が、自分の幸せで満ちている様子を想像しなさい。すると自分の幸せのネクター※（生気のエネルギー）によって、この上ない至福で満たされるだろう。

喜びと意識は私たちの本質である。この節は63節に似ている。63節では、身体あるいは宇宙が意識であると捉えた。ここでは自分の身体あるいは宇宙が喜びに満ちており、それはあなたの中に生来備わっているあなたの喜びであると想像する。63節のように座って瞑想として実践しても、一日を通してこの信念を保持しながら過ごしてもよい。

座って瞑想するなら、目を閉じて行うこと。身体か、あるいは宇宙全体にフォーカスする。喜びで完全に満ちている様子を想像する。この実践をすると、直ちに喜びを感じるだろう。身体に集中するなら、身体ではなく喜びだけが感じられる。宇宙全体に集中しても、感覚は同じである。あなたの身体は宇宙の一部だ。どちらの場合も、喜びを味わう。この喜びに気づき続けること。喜びへの気づきを維持すること。ついには、永遠に喜びの中で生きるようになるだろう。

この瞑想を一日を通して思い続ける形で実践すると、霊的進化はとても急速に進むだろう。身体が喜びでいっぱいになっていると想像すれば、あなたは喜びに溢れ続けるだろう。私たちは常に外的環境に反応し、それが私たちの状態を作っている。幸せだったり、悲しかったり、

※不老長寿の神々の酒

落ち込んだり、怒ったり、喜んだりする。この実践では、「無条件に」喜びに溢れる。外的環境にかかわらず、喜びに満ちる。身体は、喜び以外の何ものでもない。どんな環境、どんな状況においても喜びなのだ。この瞑想を実践すると、人生に驚異的な変化が起きる。あなたに対する人々の態度が変わり、もっとあなたにポジティブな反応を示すようになるだろう。あなたが喜びや愛を与えれば与えるほど、あなたはもっとそれを受け取ることがわかるようになる。

自分自身の喜びの中に定着していくことが大切である。そうなれば、無条件に喜びに溢れるようになる。それを、この節は目指している。あなたの身体あるいは宇宙全体が、本人の幸せでいっぱいに満たされていると想像しなさい、といっている。喜びや幸せは、本人の中に生来備わっている。私たちの本質なのだ。喜びは、存続のために外の何かを必要とはしていない。外的環境に依存していないのだ。そのため、私たちは外的状況とは関係なく、喜びに溢れることができる。私たちが喜びのままでいると、心は静かになる。喜びや幸せを外に追い求めるのではなく、私たちの内に見出すことができるのだ。すると心は外的環境を考えるのを止める。静寂になる。すると、人は幸せに満ち足りるのだ。

66

おお、優しい目をした者よ、優しく撫でられると、大いなる喜びが瞬時に生じる。その喜びによって真の性質が現れる。

時折り、外的環境によって私たちは喜びを味わう。その喜びは、私たちの真我の断片に過ぎない。それでもこの喜びは私たちの真の性質の幸福感に繋がる。そうなるためには、私たちが味わっている喜びに気づき続けなければならない。すると突然に、喜びの爆発が起き、私たちの本質が現れるだろう。この節と68～74節はこの原理に基づいている。

触覚は、ほかの感覚器官と異なっている。優しく触れられている時、私たちは瞬時に喜びを感じる。この節は、誰かほかの人か、あるいは自分で身体のどこかを優しく撫でる。すぐに喜びが感じられる。そうしたら、この喜びに気づくこと。この喜びに気づきを向け続ける。喜びは、私たちの基本的な性質である。私たちは喜びを味わう時に真の性質に近づく。だから、気づき続けることがとても重要である。そうすることで私たちは真我という故郷に導かれる。その喜びによって真の性質が現れる。

喜びの状態が長くなればなるほど、解放のチャンスは大きくなる。喜ぶために外的な刺激を受ける必要はない。これまでの節が示したとおり、人はただ喜びに「なる」ことができる。ただし、気づきを喜びにフォーカスすること。もし心が思考によって散漫になったら、喜びは起きないだろう。喜びは思考に完全に埋没するだろう。

67

すべての感覚を閉じると、徐々に生命エネルギーが脊椎の中心を上昇し、蟻が脊椎の上を動いているような、ちくちくした感覚がするだろう。そして最高の喜びが全体に広がる。

この節には二つの解釈がある。一つは、座って行う瞑想としてである。手の指を使って、顔の感覚の穴を閉じる。親指で耳を、人差し指で目を、中指で鼻を、薬指と小指で唇を上下から閉じる。時々、呼吸ができるように中指をゆるめて鼻腔を開くこと。

感覚器官を閉じると、意識は外に流れることができなくなる。意識は内の中心に向かうことになる。これによって生命の基本エネルギーであるクンダリーニは頭頂に向かって脊椎の中心を上昇する。このエネルギーが頭頂に達すると、人は解放される。クンダリーニが脊椎を上り始めると、蟻が体内を動くようなちくちくとした感覚がする。そして、解放の至福を感じるのだ。

この節は、より全体的な意味で解釈されるべきだ。すべての感覚を閉じるとは、感覚器官で受け取るあらゆる入力情報に影響を受けてはいけないということだ。自分に見えるもの、聞こえるもの、匂うもの、触れるものなどに惑わされてはいけない。偉大なる賢人パタンジャリは『ヨーガ・スートラ』の中で、これをプラティヤハーラの段階と呼んだ。外的世界が、もうあなたに影響しなくなった段階をいう。自分の真の性質を実現するためには、すべての探求者がこの段階を経なければいけない。今日は、単に感情のコントロールと呼んでいる。神と一つになるには、私たちは感情をコントロールせねばならない。外的世界から離れなければならない。これが真の自由な状態だ。外的世界はもう、私たちを支配しない。私たちが、外の世界をコントロールする。通常、私たちは外の環境に反応する。人生で自分にとって好ましい出来事が起こると、私たちは幸せになる。嫌な出来事が起こると、不幸になる。自分の感情をコントロールできると、外的環境に関わりなくその人は幸せや喜びに溢れている。もう、反応的ではない。外的状況に対する反応に、一貫性が見られるようになる。

感情の繊細さは、苦しみの主たる原因の一つである。外的世界に対して敏感であればあるほど、私たちの苦しみも増える。これはどんな社会的地位にある人も関係なく、すべての人にいえることだ。例えば、映画スターやスポーツ選手は世界で最も成功しており、有名人でもある。彼らは名声や財産など、人が望むものをほとんど手に入れている。だが、このような人々でもプライベートな生活では混乱に見舞われることがある。彼らには感覚や、感覚を通して得られる快楽に執着があるためだ。すると、外的環境に対して強く反応することがある。自分の期待に沿わないことが起こると、尚更だ。私たちは感情をコントロールできている時、感覚をもコントロールできている。その時、この節が示しているように、私たちは感覚の扉を閉じている。そのような時にこそ、私たちは真の性質に気づくのだ。

人はどうやって感情をコントロールしたり、外的世界から離れるのだろう？　この聖典にはたくさんのメソッドが提案されている。一つの方法は、できる限りの内なる最大の喜びを理解することだ。これは前出の15節で述べられている。外に見出す喜びは、私たちが内に見出す喜びとは比較にもならない。私たちの喜びや幸せは、外的環境に依存しない。例え私たちの外的状況が変わっても、私たちは常に変わらぬ、豊かな喜びの源をうちに見出すことができる。この真実を深く理解すれば、私たちは外の世界への執着を手放す。私たちが幸せになるために必要なものはすべて私たちの内にあることを知り、自由に生きられるようになるのだ。

外的世界から離れた状態を達成することが重要である。もし外的世界に過剰に関わっていると、私たちは心を静めることができない。危機に直面した時、外の出来事から離れることが困難となる。失業したら、あるいは経済的危機に陥ったら、家族が緊急の医療措置を必要とする状況になったら、私たちはそこから距離を置いたり思考を止めるのはとても難しくなる。私たちの家族は私たちの責任であるから、危機に直面したら私たちは思考し、心配し、問題を解決しようと努めるべきではないだろうか？　ヨガでは違う、という。危機に直面している時、考えたり心配する必要はないという。穏やかに、平穏を維持することが大切なのだ。

外的な出来事に惑わされないでいると、あなたの人生において外的状況はひとりでに良くなっていくことに気づくだろう。非二元の哲学は、存在するのはただ一つのエネルギーのみで、それがあらゆる形をとるのだと説明している。どんなエネルギーであれ、私たちが発するエネルギーが、私たちの元に返ってくるのだ。私たちがネガティブなことを考えたり心配したり、ネガティブな感情を味わっていると、人生にさらにネガティブな出来事を引き寄せ続けるのみだ。人生の厄介な状況を変える最速の方法は、それについて考えたり心配したり行動することではなく、その状況を招き寄せたネガティブなエネルギーを変えることである。自分の感情や、在り方を変えるのである。私たちはポジティブでいれば、たとえば平和や幸せでいれば、私たちを平和や幸せに感じさせる出来事を人生に引き寄せることになる。したがって問題に直面した時は、その問題にフォーカスしないことだ。超然と過ごし、自分をポジティブな状態に変えることである。気づきを保って平安でいると、そして心が思考するのを止めると、あなたの中の大いなる叡智にアクセスできることに気づくだろう。あるアイデアや思考が突然に現れ、それがあなたの問題の解決に役立ったり、あなたが人生を進んでゆく支えとなるだろう。

人は、宇宙、人生のプロセス、**神**（究極の現実を表すどんな言葉を使ってもよい）への信頼感を培わなければならない。**神**は私たちの面倒を見てくれ、私たちに必要なものはすべてもたらしてくれる。それも、正当な理由からである。**神**は私たちから分離していない。私たちは常に**神**の一部であり、至高の現実の一部である。したがって至高の現実は私たちの面倒をみてくれるのだ。もし私たちが分離していたら、私たちは自力で生きていかねばならない。私たちが高次の現実の一部であるなら、高次の現実が私たちを世話してくれるのだ。危機に直面した時には、これを思い出すことである。心配しないこと、恐れないことである。信頼すること。人生は浮き沈みするものだが、私たちはこのプロセスを一人で経ているのではなく、恐れることは何もないのだ。

超然、そして信頼。この二つの重要な言葉を理解しておくことである。この二つは、あなたの人生を変える力がある。

68

性行為の始まりから終わりまでの間に味わう喜びに注意を注ぐこと。エネルギーで満ち溢れ、愛の至福を通じて神と一体になるだろう。

今日ではタントラはセックスのことであると一般的に誤解されている。そうではない。タントラは解放についてである。実践にセックスが関連していると、よく誤解が起きる。これらの実践は、あるがままに、つまり真我を認識するためにある霊的実践として捉える必要がある。タントラは、セックスには三つの目的を持つと考えている。子孫、快楽、そして**神**に達することである。タントラの関心は、**神**に達するためにセックスを用いることだった。性的行為はある特定の形で特別である。二人の個人が一つになるのは、個人と神の一体化と似ている。

タントラは、性的快楽を禁じなかった。タントラ実践者は、官能の快楽は執着せずに楽しむべきだと考えていた。快楽の虜になった瞬間に、人は苦しむ。官能的快楽は私たちを虜にする可能性がある。しかし、私たちはそれを用いて解放を得ることも可能だ。そのため、この節の原文では性行為の始まりと終わりを表すために火（vahni）と毒（visha）という言葉を用いている。ある人には毒ともなるものが、また別の人には解放の手段となるのだ。

セックスにまつわるタントラ実践は、適切な理解で捉えなければいけない。それは官能的快楽を得るための卑猥な行為ではなかった。それはヨガの一つの形であり、瞑想である。実践の中には従うべきたくさんのルールとプロセスを含む極めて儀式的なものもある。これらの実践は、ほとんど人には明かされていない。これらの実践を学ぶためには、非常に多くの適性を備えていなければならない。人は、官能的快楽に執着してはならない。でなければ、解放を得るためではなく、官能的快楽のためにこれらの実践に臨むであろう。一方で、道徳主義になってこれらの実践を卑猥な行為とみなしてもいけない。これらの実践を行うための基準に達している人々はヴィーラ（veera、勇敢の意）あるいは英雄と呼ばれていた。英雄的な姿勢を持していたからだ。マスターは、適切なパートナーを選んだ。マスターは女性、ヨギーニの場合もあった。男性はパートナーの美しさにこだわってはいけなかった。彼女を単なる人間ではなく、神聖な**女神**と捉えるのだ。タントラの素晴らしさは、女性に払う敬意である。女性は男性と同等に扱われた。女性を男性より劣っているとは決して捉えなかった。タントラのいくつかの文献では、**女神**はより高次元の存在に高められていた。それらの聖典では**神**（シヴァ）が質問をし、**女神**が答えている。ヨガとタントラは、多くの形で時代を先駆していた。私たちは**神**とも、お互いとも一体であることを認識し、今ようやく世界が目覚めつつある女性と男性の同等性の概念を伝えている。ヨガやタントラ実践者は何世紀も昔から同等と考えている。セックスにまつわるいくつかの実践は、それぞれの儀式を伴う。例えば、実践の前にワインと魚と肉を摂取するなどだ。そのような実践の中でも最も有名なのはパンチャタットヴァ（五元素）だ。この実践では、女性は男性の膝の上に座る。男性は女性の中に入り、女性は両腕を男性の首に巻きつける。カップルで、呼吸を同期させる。同時に息を吸っては吐くのだ。お互いの目を見つめ合い、互いの身体を押し付けあう。顔が触れ合い、額も触れ合い、互いの目を直視する。この姿勢のまま動かずに、共に呼吸を行う。時には数時間に及ぶ。

この節では、そのような実践に従う必要はない。誰も傷つけずに喜びや快感を与え合っていれば、どのような実践を行ってもいい。性的行為の間に味わう喜びや幸せに注意を向けること。性的行為を喜びや愛に変えなさい。流れる愛を感じなさい。喜びや愛を十分に感じると人は溶け、個人のアイデンティティが消える。すると、あるのはただ愛のみである。途方もないエネルギーが身体の中で高まり、その後、人は神と一つになる。このエネルギーはクンダリーニである。彼女（クンダリーニ）がその人を恍惚で満たしながら、脊椎を上り始める。それがこの節のエネルギーで満ち溢れ、愛の至福を通じて神と一体になるだろう。の意味するところだ。

タントラの性の実践は男性と女性の二元性を用いて二元性を超越する。男女の二元性は、この世に存在する最大の二元性である。この節は、性的行為の間に感じる喜びや愛にフォーカスしなさいという。一体化には喜びがある。この喜びや愛が十分に強くなると、人はエゴを失う。これが愛の素晴らしさだ。愛の中では、一体性が感じられるのだ。愛の至福を通じて神と一体になるだろう。

69

女性と性交する時、オーガズムの間に大いなる喜びが生じる。その喜びは神の性質の現れであ

り、その人自身の現れである。

68〜74節は外界から生じる経験する喜びにフォーカスしている。すべての節がセックスに関係するものではないが、一つの原理に基づいている。外的な源から喜びを味わう場合でも、その喜びが十分に強ければ内的変容が起きることがある。だが、内的変容が起こるためには、この喜びに気づきを向けていなければならない。気づいていなければ、変容は起こり得ないのだ。強い喜びの力が休眠しているクンダリーニのエネルギーを上昇させる。それが起こる時に真我が現れる。オーガズムの喜びは、身体から得られる喜びの中でもおそらく最も強い喜びである。だが、それでも神と一体化した時の喜びのほんの断片に過ぎない。インドの賢人たちは、解放の喜びはオーガズムの喜びの何百万倍であると考えていた。とはいえオーガズムの喜びは神に繋がれるほど強力なものである。この節は、オーガズム中に味わう喜びに気づいていなさいと伝えている。その喜びは、私たちを解放する可能性があるのだ。

この節は、ヨガの他のいくつかの教えとは異なっている。一般的に、ヨガはオーガズムは生命エネルギーを無駄に費やすため、オーガズムを避けるべきだと教えている。生命エネルギーであるクンダリーニが脊椎を上るように集中しなさいと伝えている。

女性と性交する時、この実践は、二人の女性で行うこともできる。いくつかの節は、シンプルに収めるために単一の性を用いている。ヨガは通常、男性と女性の区別は行わない。

その喜びは神の性質の現れであり、その人自身の現れである。喜びは、神の基本的性質である。神の性質を伝えるのは、オーガズムの喜びだけではない。どのような喜びも、神の性質を伝える。だが、オーガズムから得る喜びの強さは、神の無限の喜びの現れである。その喜びは、自分自身のものである。神と私たちの間に分離はない。神の性質の喜びは、自分自身の喜びでもある。神と、本人の自我に違いはないからだ。この喜びは、私たち一人ひとりに生来、備わっているのだ。

70

おお女神よ、女性がいなくとも、女性と愛し合っている時のクライマックスの強力な喜びを思い出すことによって、喜びが激しく溢れ出すだろう。

70節は前節のバリエーションである。女性の存在すら不要だ。実際のオーガズムも要らない。その記憶、味わったことのある喜びの記憶だけで足りる。それがいい記憶であれば、その経験の強力さは蘇る。さらに、この喜びは自分の中に備わっていることも示されることになる。記憶を使うだけで、この喜びを引き出すことができるのだ。

喜びが激しく溢れ出すだろう。これは、解放された時点を表している。その時に起こる喜びは、それまでに味わったどんな喜びよりも遥かに大きい。これらのすべての節は、「喜びに溢れている状態」を強調している。喜び（または愛）と気づきは、人の本質である。私たちが喜び、喜んでいることに気づいている時、私たちは神に一歩近づくのだ。

71

どんな場合であれ大いなる喜びを感じた時、あるいは久しぶりに友人や親戚に会って喜びが生じた時、その喜びの中で瞑想しなさい。すると心は喜びに吸収されるだろう。

カシミールのマスター、アビナヴァバグプタは著書『タントラロカ』で感覚器官を副次的エネルギーセンターと呼んでいる。感覚器官を通して喜びや快感が得られることがある。通常、その快感は内なる主要センターを目覚めさせるほど強力なものではない。だが、その快感にフォーカスし気づいていることによって内なる反応を引き起こし、それが私たちの主要センターを目覚めさせる可能性がある。

どんな場合であれ大いなる喜びを感じた時、あるいは久しぶりに友人や親戚に会って喜びが生じた時、その喜びの中で瞑想しなさい。大きな喜びを味わった時はいつでも、それに気づくこと。長らく会っていない旧友や親戚に突然会うと、その場で大きな喜びが起きる。通常なら、私たちは喜びを忘れて旧友に話しかけることにフォーカスする。この節は、友人のことは忘れて喜びにフォーカスしなさい、この喜びに気づきなさいと伝えている。この喜びに気づいていないなら、解放のチャンスは失われている。

人は、旧友や親戚に毎日会うわけではない。したがって、喜びが起きたらそれに焦点を向けなければならない。喜びの理由は、どんなことでもあり得る。これらの節はどれも、私たちがどのような状態でいるべきかを重視している。私たちが何をしているかは、末端である。私たちの状態は、中心である。幸せ、喜び、愛情などポジティブな状態にあると、私たちに変容が起きる。ある程度の間、喜んでいたり幸せだったり愛に溢れていると、私たちに解放が起き得るのだ。この喜びは私たちに生来備わっているものだという理解が重要だ。それは私たちの基本的な性質なのだ（15、16節）。外的要因によってこの喜びの解放は生じ得る。だが、外的要因は必要ではない。人生に起きている外的状況とは関係なく、人は喜ぶことができる。

すると心は喜びに吸収されるだろう。もし私たちが喜び、その喜びに気づいていれば、解放される瞬間がくる。その瞬間、心は消えるだろう。その時、人は途方もないほどの喜びを感じるだろう。この喜びは永遠に続くだろう。永遠に、喜びと気づきの状態にいることになる。解放が起きる前は、私たちは短時間のあいだ、気づき続けたり喜びを感じている。解放後は、その状態に永遠に居続けるだろう。何が起きているかというと、このプロセスを通して私たちの真の性質が露わになるのだ。私たちの本質は、喜びである。この喜びが継続的に現れるのを、私たちの心が妨げている。心がなければ、私たちの本質は自由に流れ出す。決壊したダムのように、大量の水が溢れ出るのだ。同様に、喜びが私たちから世界へと自由に流れ出すだろう。解放された人は歌い、踊り、無条件に愛するだろう。実践者はついに自由になり、真の性質を実現しているのだ。探し求めていた幸せを内に見出したのだ。もはや外界は喜びを見出すために必要ではなくなり、自らの喜びを「表す」ための場となるだろう。

72

食べたり飲んだりする快感から、喜びが開花していく。その喜びの状態に、自ら満たされなさい。すると、大いなる喜びが得られるだろう。

タントラの性的な瞑想は、一体性に基づく実践という大きなカテゴリーの一つである。二つのもの（男性と女性）が一つになると、喜びを経験することがある。その喜びにフォーカスすることで、解放が起き得る。これはすべての感覚器官とその対象についていえる。私たちの目が快い形のものを見ると、喜びが起こる。私たちの耳が心地いい音を聞くと、喜びが生じる（73節）。私たちの口が楽しめるものを味わうと、喜びが起こる。これが、この節の焦点だ。何かを食べたり飲んだりした時の快感にフォーカスする。これは、食べることが大好きな人に向けられた実践である。

タントラの素晴らしさは、一切の判断なく私たちを受け入れ、今の私たちのレベルから始めて向上に向かおうとするところだ。タントラは私たちの人格を使って私たちが進化し、神に向かって進めるよう助けてくれる。もし私たちがセックスを楽しむなら、私たちの意識レベルを高めるためにセックスを用いることができる。もし食べ物や音楽を楽しむなら、それらを使って私たちの意識レベルの向上を促すことができるのだ。

あなたが楽しめるものを食べたり飲んだりしている時、この節が言うように喜びが高まる、あるいは開花していく様子を感じる。この喜びにフォーカスし、この喜びでいっぱいに満たされること。あなたが喜びを放射しているだけの状態になるまで、その喜びを高めていくこと。すると、**神**との一体化から膨大な喜びを感じる時がくるだろう。

この最後の数節は私たち自身、私たちが感じている喜びに注意を戻すことにフォーカスしなさいと伝えていることに気づくだろう。その喜びを生じさせたのは外的要因かもしれないが、その外的要因に集中し続けて喜びにフォーカスしなければ、解放は起きない。『カタ・ウパニシャッド』が言っているように、「創造主は、感覚を外に向かうように作った。感覚は外側の物質界に行き、内側の霊には向かわない。たが不死を求めた賢人は、彼の中を見てそこに自分の魂を見つけた」のだ。これはヨガに大きく当てはまる。私たちは自己に気づくため、内を見るために、注意の向く先を必ず強制的に自分に戻すのだ。この数節は外に向かうが、外的な源から喜びが引き出されたら「私たち」が感じている喜びにフォーカスしなさいという。私たちの注意を自分と、自分の感じている喜びに注意の方向を戻すのだ。したがって、自分に気づき続けることがとても重要である。

73

歌う、あるいは他の感覚から得る快感を楽しんでいると、大きな喜びが起こる。ヨギは、その喜びと一つになる。すると、自己の成長が起こる。

喜びは、どの感覚器官を通しても起こる。人はあらゆる種類の感覚的快感を楽しめる。歌ったり、音楽を聴いて楽しい人もいる。人には、本能的に惹かれる音が存在する。音楽は、人を平安で幸せな気持ちにさせる。あなたが幸せになるような音楽を聴くこと。あるいは、あなたが幸せになるような、あなたが喜びを感じるような快感にフォーカスすること。その時、あなたが感じている喜びに注意を向けること。ヨギは、その喜びと一つになる。その喜びと溶け合うこと。その喜びと一体になること。自分がその喜びと一つになるのを感じることである。肝心なのは、あなたを喜ばせることだ。すると、あなたはただ、喜びに「なる」。感覚器官は、あなたが喜びを感じ、喜びになるための触媒、あるいはきっかけの役割を果たす。肝心なのは、その喜びの状態を維持し、「喜びと一体化する」ことである。その喜びの状態を、外的環境がどんなものであれ関係なく維持せねばならない。人生の出会いの中で、とても満足とはいえない境遇におかれていても幸せに陽気に生きている人がいる。また、人生のネガティブなことばかり思い悩みがちな人もいる。この節は、私たちに幸せな感覚を維持し、喜びと一つになりなさいと伝えている。すると、人生がどのような状況になっても私たちは喜びに溢れている。人生のどんな状況に対しても、反応は常に喜びとなる。ペルシャの詩人ルーミーは、スーフィズムの素晴らしい定義を述べている。スーフィズムとは、失望が訪れた時も喜ぶことであると彼は言った。この節も、同じことを説いている。

すると、自己の成長が起こる。小我、エゴが消え、代わりに人間の姿をした神になる。私たちはエゴが消えた時に、私たちの中に神性を経験するのである。私たちは自分の本質に気づき、地球上の他のすべてとの一体性に気づく。その時、私たちはすべての人、すべてのものと恋に落ちるのである。

74

なんであれ心が満足するもの、そこに注意を向けなさい。すると、真の性質のこの上なき至福が姿を表す。

人はあらゆるものごとに幸せや快感や喜びを見出す。瞑想は座って行うものに限らない。朝の散歩、夕焼けを眺めること、美しい山々を見ること、膝の上に小さな赤ちゃんを抱くこと、笑うことなどに平安や喜びを見出すこともあるだろう。通常、私たちは単純なことに喜びを感じるものだ。あなたにとっては何がよいか、あなたを幸せな気持にさせるものを見つけること。生きものを傷つけたり危害を与えるものであってはならない。その活動を実践すること。そして幸せな感覚にフォーカスすること。この数節では、「喜び」と「幸せ」は同じ意味で用いられる。幸せあるいは喜びの状態を続けること、そしてその幸せに気づいていることによって、人の真の性質が現れる。

タントラについて、より大きなポイントを理解する必要がある。タントラは感覚から得られる快感に反対してはいない。お金、セックス、歌、ダンス、その他どんな感覚的快感にも反対しない。人生は楽しむものだとタントラは考えている。もし幸せでないなら、どうして他者に幸せを与えられるだろうか？　もしお金がなければ、人はどうやってお金を必要とする人々、貧しい人々にお金を与えられるだろう？　もし喜びがなければ、どうやって彼女は人に喜びをもたらせるだろう？　さらに、人生のすべては、善も悪も美しいものも醜いものも神の一部である。したがって、すべてを受け入れてくださいと伝えている。何かを拒否するなら、それは神の一部を拒否することである。すべてを楽しんでください、ただし執着しないこと。どんな快感であれ溺れたり、執着してはいけない。幸せを外的快感に左右させないことだ。その快感が続く限りは、楽しむこと。その快感がなくなったら、次に進み、幸せで居続けること。

タントラは、抑圧や節制を正当視しない。身体の快感は楽しみ、そして超越すべきものである。魂の快感は、肉体の快感よりも遥かに楽しいもの（無限に豊かな喜びがある）である。身体の快感を楽しんだ後は、さらに高次の魂の喜びに移行することができる。だがもし身体の快感を抑圧しようとしたら、その快感を求める欲求が後に出てきて、あなたの悟りへの歩みを引き止めるだろう。セックスは、身体の自然な本能だ。否定するために作られたものでは決してない。それを抑圧すると、いずれ再び浮上するだろう。だから、宗教では僧たちの問題が絶えない。セックスにまつわるスキャンダルはいつの時代になっても後を絶たない。人にセックスを楽しませてください、とタントラは言うだろう。人は満ち足りたら、より高次な快感を求めるものだ。

これの説明となる、ブッダの逸話がある。ブッダは王家に生まれた。王である彼の父親は、息子は成長し、偉大な霊的マスターになるだろうというお告げを受けた。父親はそれを回避するためにすべての手を尽くした。ブッダは豊かな子供時代を過ごした。彼は望むものすべてを手に入れた。ワイン、よい食物、上質な衣類など、感覚に快感を与えるものは不足なく与えられた。だが、ブッダは満たされなかった。生きるとは、これがすべてではないことを彼は知っていたのだ。もっと何かがあるはずだ。彼の霊的探求心はもっと強くなっていき、人生のもっと高次の意味を探し求めた。したがって、身体の快感を否定する必要はない。いったんそれを経験すれば、生きるとは感覚的快感だけではないことに気づくだろう。その時、あなたが霊的に進歩したいという欲求はさらに強くなるだろう。

75

完全に睡眠に入りきる前の、外界が消えている状態に注意を向けなさい。その状態にいると、

至高の女神が現れる。

意識には四つの状態がある。目覚めの状態（ジャーグラト）、夢見の状態（スワプナ）、深い睡眠状態（スシュプティ）、覚醒状態（トゥーリヤ）である。夢見の状態が、睡眠状態である。眠ったり夢を見る時の、寝ている状態だ。睡眠状態は二つに分類される。夢を見ている時（スワプナ）と、深い睡眠状態（スシュプティ）である。トゥーリヤは第四の状態だ。これは完全な不壊《ふえ》の悟りの状態である。初めの二つの状態の間には、隙間あるいは合流点がある。この隙間の中で、悟りあるいは完全な気づきの四つ目の状態へのアクセスができるのだ。

この実践は、目覚めの状態と睡眠状態のあいだの隙間にフォーカスする。その瞬間は非常に微細で、あっという間に過ぎ去ってしまう。完全には睡眠に入りきる前の、外界が消えている状態に注意を向けなさい。まだ眠ってはいないが、外界やイメージや思考は止まっている。そのポイントに気づき、意識するのだ。問題は、もし集中し過ぎると完全に目覚めてしまうことだ。すると目覚めの状態になってしまう。眠りに落ちるように漂いつつ、気づきらしきものを保持するのである。すると突然、一瞬のうちにあなたは第四の完全な覚醒状態に入る。

深い睡眠状態はサマーディ、神との一体化状態にとても近い。主な違いは、睡眠中は気づきがないことだ。睡眠状態にある時、私たちは神と一つであるという。魂はふたたび、身体から自由になっている。睡眠によって元気が出るのは、そのためだ。睡眠は、神と一体化した状態である。私たちは本来の状態に戻るのだ。眠りに落ちていく間、気づきを維持しようと努めることによって、私たち本来の状態に戻りゆく間も気づき続ける。目覚めの状態と睡眠状態の間の隙間の中で、私たちは本来の状態に戻るのだ。それが起こる時に気づいていれば、私たちは意識しながら本来の状態に達していく。その時、私たちは悟りの状態にいる。

76

太陽やランプの光が、あらゆる色に見える部分に視点を定める。そこに、真我が現れるだろう。

カシミール・シヴァ派には、二つのものの中間点、中心に集中する実践が多く存在する。二つの呼吸間の中心、二つの動きの間の中心、二つの思考の間の中心、目覚めと睡眠状態の間（前節）などに焦点を定めるのだ。この節は、二つの色の間の中心に集中する。なぜ中心がそこまで重要なのか？　カシミールのマスター、クシェマラジャ（Kshemaraja）は、その中心に神が見つかるのだと言っていた。私たちの世界は二元性に満ちている。通常は高低、男女、吸気と呼気など反対のものが対になっている。この二つの間の中心に、人は一体化の原理を見出す。中心において二元性は終止し、そこに神を見るのだ。

私たちは光があるから物が見える。光源には太陽、月、ランプなど、いろいろなものがある。純粋な光には、すべての色が含まれている。二色かそれ以上の色がある物体を見ること。この二色が交わるところにフォーカスすること。二つの色が交わるスペースあるいは領域を見ること。瞬きせずに、そのポイントを見る。目が疲れたらしばらく目を閉じ、また開いて実践を続けること。

そのうち、色が瞬間的に消えて光が本来の状態に戻るだろう。その瞬間、あなたの心とエゴは消え、あなたはあなた本来の状態に戻る。この瞑想では、色と光を活用する点が興味深い。光がすべての色を含んでいるように、神は宇宙のすべての形態を含んでいる。宇宙にあるものはすべて、神の一部だ。分離した色が消えると、私たちの存在（エゴ）の分離感は消える。色が光と一体化すると、私たちは神と一つになる。つまり、真の状態に戻るのだ。

77

ヨガのカランキニ（Karankini）、クロダナ（Krodhana）、バイラヴィ（Bhairavi）、レリハナ（Lelihana）、そしてケカリ（Khecar）のムドラを実践すると、至高の現実が現れる。

ムドラという言葉は通常、態度と訳される。ムドラとは態度に変化をもたらす身体的姿勢や動きで、通常は気づきが深くなる。この節で述べられている実践は、わかりにくい。マスターから学ぶべき実践だからだ。これらの実践は『チドゥガガナチャンドリカ（Cidgaganacandrika）』という聖典でも伝えられている。以下は、その実践を簡潔に説明したものである。ただし、これらの実践を行えるのは、マスターの導きがある場合に限る。

カランキニ・ムドラは、死の休養である。死んでいるかのように、横になる。全身やすべての臓器が意識の中に溶けていくのをイメージする。不動のまま、静かに、長時間をそこで過ごすこと。

クロダナ・ムドラは怒りの姿勢である。身体を固く締めるか、緊迫した姿勢をとり、口は開いたままにする。その開いた口から、この世の物体や概念を呑み込み、それらを純粋なエッセンスに溶かしていくのをイメージする。

バイラヴィ・ムドラは、とても強力な実践である。１１３節でも伝えている。瞬きをせずに、視線を外の世界に固定する。注意は、内に向ける。

レリハナ・ムドラは、舐める姿勢だ。宇宙に存在する、あらゆるすべての区別を舐め、摂取し尽くしている様子を想像する。

ここに挙げられているケカリ・ムドラは、ハタヨガのものとは違う。ハタヨガでは舌を上方に巻いて口蓋に触れる。ここでは、シヴァの状態をいっている。完全な気づき、あるいは悟りを得た状態である。

78

柔らかい座面にお尻の片方だけを使って座り、手や足で支えないこと。この姿勢でいると、至

高の現実への理解で満たされるだろう。

この節を読んで、そんなおかしな（馬鹿げてるといってもいい）姿勢で座ることでどうして悟りに達せるのだろうと不思議に思うかもしれない。柔らかい座面にお尻の片側だけで座り、もう片方のお尻や足や手は宙に浮かす。身体を支えない。答えはとてもシンプルだ。そんな姿勢で座るためには、かなりのバランスをとる必要がある。そのような姿勢を維持しようとするなら、完全に気づいていて、今ここに完全にフォーカスしなければいけない。心がさまよい始めると、今の瞬間への気づきを失う。するとバランスが崩れ、倒れるだろう。他のすべての瞑想と同じように、この瞑想はただ、あなたを今の瞬間に連れてくるものだ。今ここにいることで、あなたは思考のない気づいている状態にある。気づいている状態にいる時間が一定の間続くと、あなたは気づきの中で永遠に生きるようになり、悟りを得るだろう。

登山でも、似たようなことが起きる。登山者は、常に死の危険と隣り合わせだ。厳しい天候、足元の滑り、雪崩、崖崩れの岩に打たれる危険、そして命を落とす。登山者は過去や未来のことに心を惑わしてはいられない。危険過ぎるからだ。彼らは登山中、平安や喜びを感じる。この平安の感覚は、実際には今を生きていることから生じている。心を静かに保ち、気づきを維持しているのだ。だが、この平安を感じるために登山する必要はない。登山は、危険なスポーツとなり得る。この平安と喜びを感じるためには、ただ今の中にいればいい。一瞬ごとに、気づきの中で生きるのだ。この節で伝えられている瞑想は、今の瞬間を生きることを促している。この瞑想をすれば、そうせざるを得なくなる。もし心がふらつき始めると、バランスを崩して倒れるだろう。

79

楽に座り、両腕を頭上でアーチ状に曲げる。腋の下の空間に心が溶け込んだ時、大いなる平安がやってくるだろう。

この瞑想は、楽な姿勢ならどのように座ってもよい。クッションの上に座るのもよい。両腕を頭上に上げ、掌同士を合わせる。楽に姿勢を保てるできるよう、膝は曲げる。そして、腕と両手で頭上にアーチを作る。次に目を閉じ、脇のエリアに注意を向ける。この脇のエリアに気づきを向け続けること。脇のスペースに心を吸収させるというのは、そういう意味である。

一定の姿勢をとることで、私たちの身体の特定部分への気づきが高まる。例えばもし前屈して足のつま先に触れると、その瞬間、両脚が伸びる感覚が起きる。この節で説明されている姿勢は、脇への気づきが高まる。この姿勢で座ると、あなたはすぐに脇を「感じる」のだ。脇を見る必要はない。ただ目を閉じて、注意をを脇に向ける。普通、注意を身体の特定部分に向けても、少し経つと心はさまよい始めるかもしれない。この瞑想では、楽に脇に注意を向け続けていられる。それは、この姿勢をとることで人は継続的に脇を「感じ」続けるからだ。身体の特定部分に気づきを向け続けていると、心は静寂な状態が続く。やがて、心が永遠に静寂になる時がくる。その時、この節が伝えているように、私たちは大いなる平安を経験する。これはシンプルな瞑想で、ほとんどの人が実践できるものだ。

80

どんなものでもよいので、一つの物体の全体を瞬きをせずに、揺るぎなく見つめなさい。心が機能できなくなり、短時間のうちにシヴァの中にいるだろう。

この聖典には、瞬きをせずに見つめるという「見る」テクニックがいくつか示されている。

ヨガでは、見つめるテクニックの大半はトラタカと呼ばれている。これらは心を静めるためのシンプルでパワフルな直接的なメソッドである。これらのテクニックには、従うべきルールがいくつかある。トラタカの実践は熱を生じる。身体が少し熱くなるのだ。したがって、暑さを感じている時は行わないこと。これらの瞑想は、楽しく心地いい環境で行わなければならない。また、眼鏡やコンタクトレンズは外して行うこと。眼鏡をかけている人は眼鏡を外し、対象物がブレないように距離を調整する必要がある。

どんなものでもよいので、一つの物体の全体を瞬きをせずに、揺るぎなく見つめなさい。あなたが大好きなものを選ぶこと。すると集中しやすいだろう。シンボルや絵もよいし、神像、ろうそくの火、あなたの鼻の先、マントラなどでもよい。太陽や月を直視するのは避けることだ。日の出や夕日、あるいは水面に映る太陽や月を見てもよい。何を見るか選んだら、それを変えないようにする。他のものに変えると、進展が遅れるかもしれない。

一番大切なことは、瞬きをせずに揺るぎなく見つめることである。揺るぎなく見つめるとは、見つめ続けるということだ。目の動きは、何らかの形で思考のプロセスと繋がっている。瞬きも含めて目の動きを止めると、すべての思考が停止する。そうすると、目が疲れるかもしれない。その場合は少しの間目を閉じて、また開き、実践を続けること。徐々に、瞬きせずに長く目を開き続けられるようになる。それと共に、あなたが思考しない時間も長くなる。

心が機能できなくなり、短時間のうちにシヴァの中にいるだろう。思考は、心にとっての酸素のようなものだ。心は生き延びるために、継続する思考の流れを必要とする。もしあなたが考えるのを止めたら、心はおのずと途絶える。静止し、静寂になる。心の自立性が無くなり、ついにはあなたのコントロール下に収まる。瞬きをせずに何かを見つめる時、あなたは自動的に思考を停止している。これが一定の時間に達すると、心は永遠に静寂になる。思考がなければ、心を支えるものがないからだ。心は崩壊する。そうなるまで、それほど時間は長くかからない。大半の人は、数分内にそうなる。心が数分間、一切の思考をしなければ、心は永遠に静寂になる。これらの見つめるテクニックがそれほどパワフルなのは、そのためだ。かなりの短時間で、結果が出る。

シヴァの中にいるだろう。その人は、神の中にいるだろう。自然の状態の中にいる。心が静寂になると、私たちは本来の状態に戻るのだ。それは壮大な喜びに溢れる、完全な気づきの状態である。

81

口を大きく開き、口蓋の中心部に舌を突き上げる。舌の真ん中に注意を定め、そこから「Ha」の音を発してその音を感じなさい。すると、平安の中に溶けるだろう。

この実践は、口を開いたままにする。不快になるほど大きく開かないこと。舌を上に、後ろ向きに持ち上げ、口蓋に触れる。舌の中央に気づきを向けて、そこで発する「ha」の音を感じる。

「ha」は、特定のサンスクリット語のアルファベットの音である。発音はhhに近い。この姿勢をとっていると、息を吸う時と吐く時にこの音が感じられるだろう。しばらくすると、舌が疲れるかもしれない。そうなったら少しの間、舌を下ろし、また上げて実践に戻ること。hhの音は、声に出して言う音ではない。感じる音である。これは自然な音で、あなたの呼吸の音なのだ。この瞑想は座って目を閉じて行う。

自分の呼吸を聴く瞑想は、とても重要な瞑想である。フォーカスし、心を静める自然なやり方なのだ。呼吸を聴く実践は、この聖典の後の方で扱われている。この節の瞑想は、その実践のバリエーションである。通常、私たちの吸気には特定の音があり、吐く音はまた違う音がする。この瞑想では口を開き、舌を上げて口蓋に触れているので、吸う時も吐く時もhhの音が聞こえる。

呼吸は、身体の最も自然なリズムである。一生涯を通して、自発的に続く。呼吸の音にフォーカスすると、心は瞬時に静かになる。この自然なリズムに心は惹きつけられ、容易に吸い込まれるのだ。この瞑想を実践すると、あなたはすぐに穏やかに、平安になることに気づくだろう。もし何か起きていて緊迫していたり、あるいは動揺したり怒っている時は、呼吸の音を聴くこと。すぐに鎮静効果が現れるだろう。

まったく思考に乱されることなく、長時間、呼吸の音に気づき続けることは可能だ。他の瞑想をしていて気づきを保てない場合（思考に乱され続ける場合）は、この節の瞑想をしてみることだ。あるいは、ただ自分の呼吸の音を聴くだけの方がいいかもしれない（154〜156節）。必ず進展を遂げるので、決して落胆することはないだろう。

82

ベッドかソファに座り、自分の身体が何にも支えられていないと想像し続けなさい。心が消えた瞬間、自分がいた固定地点も消えている。

私たちはこの身体ではないと理解することは重要だ。私たちは、自分はこの身体であると考えているが、それが苦しみと束縛の原因なのだ。これまでのいくつかの節で、身体への執着を壊す瞑想があった。この節も似ている。ベッドかソファに、楽な姿勢で座る。そして、自分の身体は何にも支えられていないとイメージし続ける。つまり、あなたの身体、あなた自身が無重力だと想像する。実際に私たちには重量がなく、支えられてもいない。私たちの魂には、重さがない。重量を持っているのは身体であり、私たちは身体ではない。この身体が私たちに制限を課し、地面に縛り付けている。この瞑想は、身体に重さがないと想像することで、身体の制限を壊そうとしている。

この瞑想で気づくべきもう一つのポイントは、身体が支えられていない様子を「継続して」想像せねばならないところだ。思考が邪魔をしたら、思考を無視して実践に戻ること。身体に重さがないと思い続けること。この聖典には、私たちの信念を変えること、あるいは何かの状態をイメージし続ける、たとえば身体に重量がないとイメージする瞑想がたくさん伝えられている。中には、想像している内容が困難に思えたり、とても有り得ないと感じる人もいるだろう。だが、有り得ないことではない。これまでに、ヨギが瞑想中に宙に浮いたという報告がされている。このヨギたちは、重力の法則に従わなかった。彼らは身体を無重力にした上に、実際に身体を地面から浮かせたのだ。したがって、この節が指示している想像の内容は、有り得ないことではない。この節は基本的に、身体への執着を解くメソッドを伝えている。身体との一体性から離れること、自分は身体ではないと信じるのが難しいのは、いつも身体の重さを「感じて」いるためということがある。身体は私たちを地面や座面に縛りつけるため、私たちは常に身体の存在を知らされ続ける。この実践は、自分の身体が無重力であるとイメージせよと指示することで、その制限を壊そうとしている。

心が消えた瞬間、自分がいた固定地点も消えている。心が消えた瞬間、人は解放されている。身体の中にはいるが、もう身体を自分と捉えていない。身体との結びつきは壊れているのだ。自分は身体だとは、もう思っていない。そうなると、身体は人生を経験するための単なる乗り物でしかない。解放された人は、**神**と一つである。**神**は至るところにいるのだから、その人も今や至るところに存在している。自分のいる固定場所が消えるとは、そういう意味だ。大半の人にとって、自分のいる固定場所とは身体である。解放された人は、もう身体には収まっていない。その人は神と一体であり、他のすべてのものとの一体感を得ている。

83

おお女神よ、乗り物で移動している時の、身体のリズミカルな動きを経験しなさい。あるいは静止した所で、身体をゆっくりと揺らしなさい。すると心は穏やかに静まり、神性が溢れ出すだろう。

心はリズムに惹きつけられる。リズムがあると、心は長時間、注意を保てる。呼吸に気づいていることがとても重要なのは、そのためだ。呼吸は身体の自然なリズムである。生きている間、どのような時も呼吸はある。大半の人は、何らかの音楽を楽しんで聴く。私たちを瞬時に惹きつける、リズミカルな拍子や音というものがある。そういった音は私たちを幸せにし、心を落ち着かせ、私たちの注意を今ここに惹きつける。楽しくなる音楽を聴くと私たちは問題ごとを忘れ、今の瞬間に、楽しくなる音に注意を向ける。

この瞑想は似たようなことを行う。リズムを用いて、心を静めるのだ。動いている乗り物の中で、身体のリズミカルな動きに気づきを向けること。これらの節が伝えている内容と、時間を理解することが重要だ。これらの節は、何世紀も前に書かれたものである。当時の乗り物とは、一頭か二頭の牛が引き、「動かす」牛車である。もし現代の高速道路で車を運転しているなら、身体の動きやリズミカルな動きは感じないだろう。だが、もし大昔のインドで崩れた道を牛が引く牛車に座っていたら、身体はリズミカルに、前後に揺れるであろう。馬に乗っている時も同じようなことが起きる。馬が動くと共に、身体も動く。その身体のリズミカルな動きに注意を向けること。心がリズムに惹きつけられていると、身体のリズミカルな動きに注意を向けたまま、楽に保ちやすい。注意を保つ時間が長くなるほど、あなたは気づいたままの状態で思考のない、今の瞬間にいられる。気づいている時、思考のない状態にいる時、心は弱くなる。だから、今を生きることがとても重要なのだ。この瞑想は、それを実践しようとするものだ。心を静め、今に存在するために、リズミカルな動きを利用するのだ。

あるいは静止した所で、身体をゆっくりと揺らしなさい。静止している場所で、身体をゆっくりと円を描くように揺らすこと。身体のリズミカルな動きを経験するために馬や乗り物を用いる必要はない。静止した所で身体を円状に動かすか、前後に揺らす。リズミカルに身体を動かす方法は、たくさんある。ダンスを楽しむ人もいる。この瞑想は、ダンスをしている時でも行える。どんな時でもよい、リズミカルに身体を動かしている時に、その動きに集中するのだ。

するとと心は穏やかに静まり、神性が溢れ出すだろう。リズミカルな動きは、心を静める。心は、リズミカルな動きにすぐに吸い込まれる。心は思考を止め、安らかになる。心は、身体の動きのみに向いている。幼い赤ちゃんは、優しく揺らすと眠りにつく。赤ちゃんが動揺したり泣き出したら、母親は赤ちゃんを抱き上げて優しく撫でたり、揺らして赤ちゃんを静める。これは自然な現象なのだ。この瞑想は、自然な現象を用いて心を静める。

84

澄んだ空を、動かずに見つめ続けなさい。おお女神よ、その瞬間から、神の形があなたのものになるだろう。

人の真の性質は、無限である。私たちは無限なる神と一つである。私たちのエゴや心や身体との一体化が、私たちを制限する。この瞑想は、心や身体が課す制限を壊そうとする。そのために、何か無限なものを見つめる。60節の、山も木も壁もない、広大な開かれた空間を見る実践と似ている。木も山もない広大な開かれた空間はなかなか見つからないので、こちらの節の方が実践しやすい。雲のない澄んだ空を見つける方が、簡単である。

この瞑想は、横たわって空を見上げて行うのが最善である。見つめ続けなさい。これは、見つめるテクニックでもある。すべての見つめるテクニックと同じく、瞬きしたり目を動かしたりせずに見ること。見つめ続けなさいとは、そういうことだ。瞬きをしないで見るという意味である。目の動きを止める時、私たちはすべての思考も止めている。これだけで十分、悟りを得られる。だが、この瞑想は二つのレベルで作用する。

澄んだ空を、ここが重要である。澄んだ青空は、無限の感覚を与えてくれる。雲があると、有限のもの、境界線のあるものが視界に入る。無限の感覚は失われる。純粋な青空を見つめている時、あなたは無限な何かを見つめている。心は、無限性と共存できない。無限なものを見つめる時間が長くなればなるほど、心は弱くなる。ついには、心は完全に消える。

無限なものを見つめる理由は、他にもある。私たちは、自分を定義するために他の物体を必要とする。私たちは、空虚（emptiness）の中に単独で存在することはできない。何か他のものがあることで、分離感や個体としてのアイデンティティを得る。私たちは鳥やテーブル、山、木々、家、他の人などを見て、それらとは別の存在として自分自身を捉えている。私たち（主体）は、自分自身をその特定の物体から分離した、異なる存在として捉える。澄んだ空を見つめる時、自分を比較し定義する対象物がない（だから澄んだ空であることが重要なのである。雲があると、自分を比較し限定できるからだ）。対象がなければ、主体も存在しない。私たちのエゴは崩壊する。私たちの分離したアイデンティティが消える。私たちは、全体と一つになる。33節でも、また禅仏教でも、同様のテクニックを実践する。真っ白な壁の前に座るのだ。そして、壁を見つめ続ける。効果は同じだ。壁には、自分自身を定義できるような対象が何もない。他に何もないということは、自分を分離させるものがない。他に何もないので、私たちは何からも分離していない。分離させるものが何もなければ、私たちは分離していられない。神と一つになるのだ。

動かずに、すべての見つめる瞑想は、身体を動かしてはいけない。見つめる瞑想では目の動きも、瞬きも止める。身体が動くと目も自動的に動くので、瞑想の効果は得られない。

女神よ、その瞬間から、神の形があなたのものになるだろう。この瞑想をすると、とても早くに結果が得られる。なぜなら、三つの要素、つまり見つめるテクニック、目を動かさない、すべての思考が止まる、この三つがが作用しているからだ。無限のものを見ていると、私たちは無限になる。見る対象物がなければ、私たちのエゴ、分離したアイデンティティは消える。

85

空間全体が、あるいは空《そら》全体が、自分の頭の中に吸い込まれる様子をイメージして瞑想する。神の性質を吸収することで、神の輝かしい形を得ることだろう。

空間には、神に似た性質がいくつかある。神のように、空間は永遠で、支えるものがなく、どこまでも行き渡り、静寂である。空間は、支えるものがない。物体は支えを必要とするが、空間に支えは必要ない。また、空間は至るところにある。この世界で、空間のない場所はどこにも見つけることはできない。そして、空間は静寂でもある。神は静寂の中に見つかると、よく言われる。この瞑想は、この世界の全空間が自分の頭の中に吸い込まれる様子をイメージする。この瞑想は、目を閉じて座って行うこと。

空間を吸収することによって、あなたは空間の性質を吸収している。それは神の性質と同じで、あなたの真の性質にも等しい。これらの性質を吸収することによって、人はこの性質に「なる」のだ。つまり、永遠になり、何にも支えられることなく、至るところに行き渡っている。この瞑想は、自分自身についての信念を変える。私たちは身体や心を自分だと思っているので、本当の性質が見えていない。ここで、私たちは別の何かであると考えるように指示されている。私たちは永遠で、支えられる必要もなく、すべての至るところに行き渡っているのだと。

この瞑想を行うには、すべての空間があなたの頭の中に吸い込まれている様子を思い浮かべる。頭の中が空間以外の何ものでもなくなるまで、空間が吸い込まれてゆく想像を続けなさい。そついには、頭がなくなった感覚になるかもしれない。頭がなくなり、空間しかない感覚だ。そのようになると、あなたは気づくだろう。神秘主義者たちは、よくこの頭がない感覚のことを伝えている。これは、マインドが静寂になった状態だ。まだ自分は身体の中にいるが、もう自分は身体だと感じてはいない。そうではなく、すべての存在との一体感を感じている。

86

目覚めの状態にいる時は、二元性から生まれた知識が存在する。夢見の状態では、外側の印象がある。深い睡眠状態では、完全な闇がある。これらの意識状態はすべて、神の形であることを知りなさい。すると、神の無限の光に満たされるだろう。

これは、この聖典の中でも数少ない、曖昧な節の一つである。瞑想が、間接的に伝えられている。これは『マーンドゥーキヤ・ウパニシャッド』にある瞑想と同じものである。

意識には四つの状態がある。まず、通常の目覚めの状態だ。次に夢見の状態がある。これは眠っていて夢を見ている状態だ。三つめは深い睡眠状態で、夢は見ていない。この状態に、二元性はない。あるのは、闇あるいは空《くう》のみである。これは悟りの状態にとても近い。違いは、夢のない睡眠状態には気づきがない点だ。四つめの状態はトゥーリヤ、超意識である。この四つ目が悟りの状態である。

ＡＵＭはとても重要な音節、音である。マーンドゥーキヤ・ウパニシャッドは、Ａは目覚めの状態を表すのだと教えている。Ｕは夢見の状態である。Ｍは深い睡眠状態だ。ＡとＵとＭを合わせてＡＵＭという音にすると、意識の四つめの状態を象徴するという。

それは最高次の状態だ。非二元の、愛の状態であり、神の状態である。

ＡＵＭの音は常に重要なものと考えられてきた。神を象徴し、神に繋がるとされている。『カタ・ウパニシャッド』も、このＡＵＭという音節は実際に神であると述べている。この音を知るものは、望むものすべてを得ると伝えている。

これらの意識状態はすべて、神の形であることを知りなさい。異なる意識状態を象徴するＡとＵとＭの音は、合わせてＡＵＭの音にしなければならない。それが、この文の意味だ。

ＡＵＭを瞑想に使うこと。これが、この節が教えていることだ。ＡＵＭは私たちを神に導く。瞑想の時、どのようにＡＵＭを使うのか？　もっとも一般的な方法は、ＡＵＭを唱えることである。楽な瞑想の姿勢で座り、ＡＵＭを唱える。目は開けたままでも、閉じたままでもよい。ＡＵＭは声に出しても、心の中で繰り返してもよい。心地よい限り、ＡＵＭを唱え続けること。この実践を終えた時（あるいは実践中でも）、あなたの中に確かな変化が起こったことに気づくだろう。より心穏やかに、平和になっているだろう。リフレッシュしているだろう。心は静かに落ち着いているだろう。

私たちを変容させるパワーを備えた言葉、音、マントラが存在する。古代の賢人が深い瞑想中に発見した音がいくつかある。それがどのような仕組みで作用するかは、わからない。多くのマントラは、意味を持たない。だがこれらの神聖な音には私たちを変えるパワーがある。すべての神聖な音やマントラの中で、ＡＵＭより高次なものはない。ＡＵＭを唱えるのは、心を静めるためにとても効果的な方法である。

87

同様に、陰月で下弦の月の間、完全な闇夜に、その闇に長時間、集中しなさい。すると、神の形に向かって速く押し進められるだろう。

完全な闇の中では、姿は見えない。物を見るためには光が必要である。光の助けがあれば、物の姿や形や境界線が見える。闇では何も見えない。あるのは、闇のみである。

ここで伝えられている瞑想は、澄んだ空を見つめ続ける84節と似ている。ここでは完全な闇夜に、闇を見つめる。これは黒い壁を見るようなものだ。私たちが慣れている、形と二元性の世界を超えるために、形や物のない場所を見つめ続けるのだ。自分の感覚、分離したアイデンティティの感覚は、ほかの物が存在することで成り立っている。ほかの物があると、自分はそれとは違う存在として自分を見る。だが、私たちが見ているのは幻想である。分離の幻想だ。私たちは、自分を他の人々から分離していると捉えている。どうすればこの幻想を破り、真の現実が見えるだろう？　一つの方法は、他の形や物が何も見えない場所を見つめることだ。自分から分離しているものが何も見えなければ、私たちはもう分離したままではない。私たちは、神の一部になる。

これは見つめるテクニックなので瞬きしたり目を動かさずに見つめる必要がある。これを、月の光のない完全な闇夜に行うこと。これを実践すると、ビジョンやイメージが現れるかもしれない。これらのイメージは、抑圧した感覚や恐れが解放されているだけだ。そのようなイメージに動揺してはいけない。代わりに、実践を続けること。

神の形に向かって速く押し進められるだろう。ほかの物が見えない時、エゴは崩壊する。エゴが存在するためには、ほかの物体が必要なのだ。心が生き延びるためには思考が必要なのと同じように、エゴは他の物を必要とする。ほかの物という支えがなければ、エゴは崩壊する。すると、人は急速に神へ向かう。本来の状態に移るのだ。

88

同様に、闇夜がなくとも、目を閉じて自分の前の闇に集中しなさい。目を開け、いたるところに広がっている神の闇の姿を見なさい。すると、神と一つになるだろう。

これは、前の実践のバリエーションである。完全な闇夜をいつも見つけられるわけではない。都会に住んでいたら、尚更だ。常にどこかに光があり、前の瞑想を実践するのは困難である。

この節の瞑想は、外的環境に完全に依存していない。だが、この瞑想はほのかに暗い部屋、あるいは真っ暗な部屋で行った方がいい。目を閉じて、あなたの前の闇に集中する。自分が闇に完全に吸い尽くされるまで、闇を見続けること。吸収されたら目を開け、至るところに広がっている闇を見る。初めに目を開けた時に、何か物体が見えるかもしれない。すべてが闇に包まれているとイメージし、そのように見るように努める。すると、外の世界には何の物体も見えない。その時、**神**と一つになるだろう。

この節でいう**神**の闇の形とは、闇のことである。目を開いている時、この闇が至るところを広がっているのを見なければいけない。もし闇が至るところに広がっているのが見えたら、あなたはもう悟りに達している。少し経つと闇は消え、いつものように物体が見えるだろう。だが、あなたは永遠に悟りの状態にいる。目を開いた後に闇が至るところに広がっているのが見えなかった場合は、この実践が成功するまで毎日継続せねばならないだろう。

光を用いる瞑想実践の方が、聞き慣れているだろう。闇を扱う実践は珍しい。だが、光と闇は反対ではない。この二つは、「同じもの」の程度の違いである。両者とも、**神性**に入るために活用できる。

89

感覚器官の機能を外的に妨げたり抑制する時、人は二元性を超えた空《くう》に入るだろう。そこに真我が現れるだろう。

私たちの感覚は外に向かっている。内には入らない。だが神は内に見つかる。どれであれ感覚器官をブロックすると、意識の方向性は内に向き直される。すると、あなたの気づきはもう外向きではない。内にフォーカスしている。二元性のない、内である。内において、あなたが神を見出す。

目で見ると、外の世界にはあらゆる形、物体が見える。目を閉じると、闇だけが見える。形も、物体も、二元性（二つかそれ以上の分離した物体）もない。ただ闇だけ、統一性だけがある。同様に、耳からは世界のあらゆる音が聞こえる。耳が閉じられると、静寂しかない。二元性も、あらゆる音もない。あるのはただ一つ、静寂だ。静寂以外には、何もない。したがって内には、二つ（二元性）かそれ以上のものはない。二つの音も、二つの物体もない。「一つ」

しかない。目を閉じるとあるのは闇のみ、耳を閉じると静寂のみである。

これらの例は、他の感覚器官にも応用できる。鼻からは、あらゆる匂いを匂う。鼻が閉じられると、何も匂わない。あるのは空《くう》、無である。同じように、口はあらゆる味の食べものを味わったり、いろんな言葉を話す。口を閉じると、何も味わわず、何も話さない。空《くう》のみがある。

このすべてを説明する時、海の波に例えられる。海の表面には、たくさんの波がある。だが海の奥深くは、ただ海があるのみだ。波という、分離した形はない。人間も同じである。私たちは感覚器官を通してあらゆるものを見て、聞いて、味わって、触れて、匂う。だが、内には多様性（二元性）はない。あるのはただ一つ、**神**である。また、内には何もない、あるのは無あるいは空《くう》ともいえる。どちらも同じ意味である。理解すべき重要点は、内では人は二元性を超越していることだ。人は内において、波ではなく海を見る。私たちは内で自らを**神**やお互いから分離した存在として見るのではなく、**神**の一部として見るのである。

この瞑想をどのように行うか？　楽な姿勢で座り、どれでもよいので感覚器官を閉じる。好ましいのは、目か耳を閉じることだ。鼻を閉じると息ができなくなるので、鼻は閉じないこと。

口は、座って行う瞑想を行う際、いかなる場合も閉じる。目を閉じるなら、内に見える闇に集中する。耳を閉じるなら、目も閉じて静寂に集中する。感覚器官の働きを止めると、あなたの気づきは直接、内に向く。この場合は、内に起きる闇あるいは静寂に集中すること。

90

母音のA（ア）を、MやHの音をつけずに続けて唱えなさい。すると、おお女神よ、神の知が大いなる洪水として力強く溢れ出すだろう。

サンスクリット後の母音aの音は、アメリカのアのような音である。この実践では、aの音を声に出して唱え続けるか、あるいは心の中で静かに唱える。頭の中で唱える場合は、唱え続けてもよい。この瞑想は、こちらのやり方の方がより一般的である。声に出して唱える場合、この母音の唱え方は二通りある。息を留めて唱える方法と、息を吐きながら唱える方法である。一つめの方法はまず息を吸い、そこで息を留めながらaaaa... と唱える。そして少ししたら息を吐き、また息を吸って留め、aaa... と唱える。この場合、息を留めている間だけaを唱える。二つめの方法は、もっと楽にできる。息を吸い、吐きながらaaaa... と唱える。完全に吐ききったら再度息を吸い、吐きながら母音ａを唱え続ける。二つ目の方法では、息を留めなくてもよい。吐いている間だけａを唱えること。

この母音のａにはどんな重要性があるのだろう？　なぜこの瞑想にこの音が用いられるのだろうか？　カシミール・シヴァ派にはアルファベットの理論がある。その理論では、ａは神の意識を象徴する。ａを唱えることで私たちの気づきのレベルは高まるのだ。最終的に、私たちは完全な気づきの状態に達するのである。

いかなる音でも、唱えていると思考し辛くなる。人が唱えている時、思考はしない。そうしている時、心は静寂で、思考はなくなっている。心が長らく静寂でいると、心は永遠に静かになる。これが、音を唱える最大のメリットである。唱えている間、思考の流れは止まっている。

91

Ｈの音を出し、音の終わりに集中しなさい。心を支えるものがなくなり、人は永遠に神に触れる。

ｈの音はヴィサルガ（訳註：子音の類型の一つで、声門から出される無声の摩擦音）で、サンスクリット語では二つの点あるいはコロンで表されるアルファベットである。これは完全なｈの音ではなく、ややｈのような音である。このｈは少し、抑えられた音である。

この音も吐きながら出さなければならない。吐く時にｈの音を出す。そしてまた息を吸い、吐く時にｈの音を出す。音は声に出してもよいし、心の中で唱えてもよい。音の最後に集中すること。ｈは微妙な音で、突然終わる。そこに気づくためには、高度な気づきを要する。この音の終わりに集中すると、私たちの気づきのレベルは即座に高まる。

心を支えるものがなくなり、人は永遠に神に触れる。この瞑想は、前の瞑想に似ている。音を唱えると、心は思考を停止する。特にｈのような音の終わりに気づくためには、高度な気づきレベルを要する。心は思考を必要としており、思考によって維持されている。心が存続するためには、思考が必要なのだ。心が思考を停止すると、心はカードを組み立てて作った家のように崩れる。心は消え、人は永遠に神の中にとどまる。

この瞑想と前の瞑想は、たくさんの実用的な利点をもたらす。緊迫している時や怒っている時に実践するとよい。すると、直ちに心が落ち着く。生きていると、緊迫したり怒りを生じるような状況に遭遇することがある。あなたに落ち度がなくても小さな交通事故に遭うかもしれない。誰かにとても失礼なことを言われるかもしれない。すると、その出来事が起きた後も何時間も考え続けたりする。あなたの心は暴走し続け、血圧は上がり続ける。そのような状況になったら、自分を静める一番いい方法が、音を唱えることだ。瞬時に、心の思考が止まるのだ。心が思考を止めると、あなたの心は必然的に平安になる。息を深く吸って、吐く間、ｈかaaa...を唱える。ブラーマリーというヨガに、同じような呼吸テクニックがあり、この場合はｈやaaa...の代わりに吐く時にハミング（蜂のように）の音を出し続ける。このような状況になったら、この音を唱えてもよい。そのような緊迫した状況では、心は暴走しコントロールできなくなる。だが音を唱えると、それが瞬時に心を遮る。心は思考を停止し、あなたは穏やかに落ち着くだろう。

92

自分が全方向に無制限に広がる空間（あるいは空《そら》）になったイメージとして瞑想しなさい。すると、自らが何にも支えられずに存在する意識のエネルギーとして見えるだろう。

私たちの真の性質は、無限である。私たちは神の一部なので、私たちの真の性質は神の真の性質である。神は決まった場所に閉じ込められてはいない。神はすべての方向に制限なく、至るところに存在する。神は無限であり、私たちも無限だ。私たちは、身体を自分だと思っている。私たちの身体という、定まった場所に閉じ込められていると信じている。だが、そうではない。それは幻想だ。身体は私たちの分離したアイデンティティの感覚、エゴの一部である。神に達するためには、私たちはエゴを破壊せねばならない。この節は、その方法を示している。

この身体が自分だと信じている限り、私たちの自己の感覚はとても小さい何かに制限される。この節は、私たちが全方向に制限なく広がる空《そら》のように果てしない存在だと捉えなさいといっている。私たちはそれによって実際に、自分についての信念を変えているのだ。これによってとても強力な効果が現れ得る。自分の信念を変えると、私たちの現実が変わるのだ。私たちの信念が、私たちの現実を生み出す。この世界は悪意のある危険なところだと信じている人々がいる。そのような人々は、その通りの世界を経験するであろう。彼らの人生にそのような出来事が起こり、「この世界は危険なところだ」という彼らの信念を立証するだろう。ほかに、お金を稼ぐのはとても大変なことであると信じている人々がいる。このような人々は生涯を通してお金を稼ぐことが困難になるだろう。そうしてお金の信念は正しいことを証明するのだ。私たちの信念が、私たちの現実を創造する。人生をよりいいものに変えるためには、自分の信念を変えなければならない。新たな信念は、私たちの人生に直接に、即時の影響を与える。

この節は、私たちを解放し得る新たな信念を与えている。あなたは際限なくどこまでも広がる、全方向において無制限の空間であると信じること。この瞑想は目を閉じて座って行ってもいい。あなたはその身体ではなく、遍在する無限の空間のようなものであると想像すること。

私たちは無限であると信じている時、この身体が自分であるとは信じていない。これが私たちの人生に深遠で即時的な影響をもたらす。心配し過ぎたり考え過ぎたりすることはなくなる。私たちの心配事や考え事の大半は、「身体」のことだからだ。身体が何を必要とするか。身体はどんな快楽を求めているか、だ。自分は身体ではないと認識すると、私たちはもう自分の欲望が満たされるかどうかを気にしなくなる。身体が求める快楽を身体に与えるだけの十分なお金が得られなければ、それでも構わない。身体が死に面しているとしても、構わない。私たちは身体ではない。身体が破壊されたとしても、私たちは存続するのだ。

自分が身体ではないと信じると、私たちは瞬時に穏やかに落ち着く。外の世界への執着から離れる。外の出来事は、身体にのみ影響する。外の出来事は、私たち（私たちの真の自己）には影響しない。私たちに影響する力はないのだ。私たちが外界から離れると、心は静止する。もう、外界に煩わされなくなる。心が静寂になると、私たちは自由になる。

私たちが身体でないなら、何なのだろう？　その答えは、この節の後半にある。私たちは意識である。あなたは身体ではないと理解すると、自分は気づきであり、あなたの人生に起きるすべての出来事に気づいている「一つ」であることを認識する。意識、私たちの真の自己は永劫だ。私たちの人生のすべての出来事の影響を受けず、決して破壊されることはない。

この節を実践すると、ある段階で突然、身体との一体性から離れる時がくる。身体はまだそこにあり、腐敗したり死んだりはしないが、もうあなたは身体と一体化はしていない。あなたはようやく、身体についての真実に気づく。それは、身体は何ら実体はなく空虚で、空《くう》であるという真実だ。あなたは代わりに、無限に広がる空間、すべてを含む気づきの海を経験する。あなたはこの空間との一体感を得て、宇宙のすべてはこの空間と一つであることに気づくのだ。あるのはただ、「一つなる存在」しかないという、この世の最も偉大な真実をあなたは味わう。

あなたの自己感覚はもう、身体ではなくなっている。無限な何かに発展している。そして『ブリハッド・アラニヤカ・ウパニシャッド』が見事に伝えているように、そこに他者はおらず、あなたは自らの広大さを眺めているのだ。

93

身体のどこかを、鋭い針かピンなどで刺しなさい。そして、あなたの気づきで刺した場所に加わりなさい。すると、あなたは神の純粋性を得るだろう。

身体のどこかを刺すと、痛みを感じるだろう。その時に、気づきをその痛い場所に向けること。そこが痛みの源である。これは、痛みを用いる珍しい実践である。実際には、どんな身体の感覚を用いてもよい。身体に凝っている場所があるかもしれない。そこに気づきを向けてもよい。

この実践は、痛みを使ってマインドをフォーカスする。どこであれ身体に痛みがあると、どうしてもそこに気づきが向かう。逆にいうと、それはあまりにも強い感覚なので簡単に集中できる。長いあいだ気づきを維持することができれば、心は静寂になる。その時、あなたは解放されている。

これは、すべての人に薦められる実践ではない。定期的に身体を刺すことは薦めない。もしこれを行うのならば、損傷しないような部位を使うこと。例えば耳たぶは、女性がピアスを着けるために通常、穴を開ける場所だ。この瞑想は、ほかの要因から痛みを感じている場合に実践することもできる。関節炎や手術後の回復期の痛みなどが挙げられる。

痛みは、私たちの解放を促す可能性がある。やむなく、人生の状況を受け入れざるを得ないからである。時折り、人生の苦しみ（痛み）があまりにも強く、だがやむを得ないもので、受け入れるしかない時がある。これは身体的な痛みに限らず、感情的な苦しみにもいえる。人生には、すっかり圧倒される時がある。物事が誤った方向に進み、私たちには対処できないと感じる。あまりにもそういった出来事が重大すぎて、もう人生は手に負えなくなり、外で起きている人生状況を良くするためにすぐに変える手立ては何も無いという感覚になる。その無力な瞬間に、人は突然、諦める——降伏するのだ。私たちは突然、その人生状況を受け入れる。圧倒されるあまり、抵抗し続けることができなくなるからだ。

この降伏には完全なる受容があり、これによってエゴは突然に消える。もう人生への抵抗も、人生との格闘もなく、ただ完全に受容し、降伏している。その瞬間エゴは崩壊し、私たちは瞬時に至福に満たされる。その時、私たちは悟りに達するために起きてくれた人生状況に感謝する。受刑者が処刑を待つあいだに降伏し、解放の至福を経験したという話がある。彼らには外的な人生状況を変える手立ては一切ない。そうして人生を完全に受け入れた時、悟りの至福を得たのだ。人生の最たる闇の中にいる時、私たちは解放の間際にいるのである。

94

このように瞑想しなさい――「私の中は無である。心も、知性も、骨も、臓器も、何もない」この瞑想によって、人はすべての思考を放棄する。思考のない状態にいることで、人は神に達する。

前出の瞑想の中で、身体あるいはその一部が空虚になったと想像する瞑想があった。これはそのバリエーションである。この瞑想では、身体の中には何もないと想像する。心も、知性も、骨も、器官も、一切何も無いと考える。

この瞑想は、座って行ってもいい。楽な姿勢で座り、目を閉じる。次に、あなたの身体の中には何も無いと想像する。あなたの身体は、表面を皮膚で覆われた空虚の殻である。また、身体には論理的思考を行う機能もない。心も、思考も、知性もない。無である。あなたの身体からすべてが捨てられた時、あなたには気づきだけが残る。あなたはただ、気づいている。

この瞑想は、一日を通して行うこともできる。あなたの身体の中には何もないと信じ続けるのだ。心も、器官も、何も無い。これはルーミーやハーディングといった神秘論者たちが勧めた実践に似ている。彼らは、あなたには頭がないと想像しなさいと伝えた。あなたには、頭がないと。ここでは、心だけではなく、身体の中には他にも何も無いと想像する。

この瞑想は、私たちのエゴを直撃する。心と身体は、エゴの一部である。身体の中に、心も何も無いと想像することによって、私たちは実際に、エゴが無いと想像している。心や身体が無ければ、私たちは分離したアイデンティティとして存在しているとは言えない。私たちは、ただ意識である。

この瞑想によって、人はすべての思考を放棄する。思考のない状態にいることで、人は神に達する。私たちに心が無いと想像することによって、私たちは思考プロセスを止めている。心が無ければ、思考は存在し得ない。思考のない状態で居続ければ、私たちは神に達するのだ。

95

名前のある、すべての小さな一部は、私たちを誘惑する幻想であると揺るぎなく理解していなさい。人の真の性質の最も重要な資質は、一体性である。この理解によって人はもう分離してはいられなくなるだろう。

形あるもの、名前のあるものは幻想である。幻想とは何か？　形には分離した自己があるというのが幻想である。私たちは、無生物であれ生物であれ、物体を見ると、そこには分離したアイデンティティがあると想像している。故に、私たちはそれに名前をつける。名前は、それが分離して存在している、分離したアイデンティティがあることを意味する。真実は、すべての物体は空虚である。分離した自己は存在しない。それらに分離した自己はなく、神に満ちている。

私たちは分離した存在であると信じていると、人生に恐れが侵入する。そして私たちには始まりがあり、終わりがあると信じる。ある段階で私たちは死に、無になると。何かが無になることは決してできない。何かが無から生じることもできない。真実は、私たちは決して死ぬことはなく、形を変えるだけだ。私たちは、その実証を自然の中に見出すことができる。雲は雨になる。雨水は果物や野菜に入り、やがては人間の身体の一部になる。あるいは、川の一部となって海に流れていく。雨水は、あらゆるものになり得る。

この節は、どんな物体も形も、独立した自己はないことを伝えている。すべては全体の一部であり、すべては神の一部である。私たちの最も重要な資質は、一体性である。私たちは神と、宇宙のすべてと一つである。これを知ると、あなたの人生から恐れが消える。あなたは決して破壊されないことに気づく。ひいては、何もあなたに危害を与えることはできないのだ。

この瞑想は、あなたが信じていることを変える実践である。あなたに見えているものは幻想であると信じること。あなたや他の物体に、分離した自己はないと信じるのだ。すべては神である。この節は、この理解を揺るぎなく維持しなさいと伝えている。つまり、人には分離した自己などないと信じ続けるということだ。私たちの分離した自己の感覚は、エゴである。私たちには分離した自己はないと信じていると、私たちのエゴは溶け始める。私たちの信念が現実に変わるのは、時間の問題でしかない。私たちには分離した自己などないと信じている時、私たちはもう分離してはいない。私たちは神と一つになっている。

この節は、前の節と同様、私たちのエゴを溶かそうとしている。私たちには分離した自己があると思っていると、私たちの真の性質は隠れたままである。私たちのエゴという外の覆いが剝がれ落ちた時に、私たちの真の性質が現れる。エゴが溶けると、どのように感じるだろう？『ブリハッド・アラニヤカ・ウパニシャッド』はそれを見事に表現している。「二元性があるかのように見えているところでは、互いが見え、互いに触れ、互いを知る。だがスピリットの海の中は、見る者がただ一人、自らの広大さを眺めている」

96

欲望が生じるのがわかったら、直ちにそれを絶つことだ。すると、その欲求が生じたまさにその場所に、吸収されるであろう。

欲望は衝動、思考、感覚で現れ得る。基本的に、すべての欲望はエネルギーの一つの形である。増加してきた流れるエネルギーだ。この節は、欲望が生じるのを気づいた瞬間、「直ちに」それを絶ちなさいと伝えている。欲望を直ちに絶つ、あるいは突然止めると、この生じてきたエネルギーは他のどこかに行かざるを得ない。元の源に戻るしかなく、それ以外の余地はない。すべてのエネルギーは神から来ている。突然、欲望を止めると、このエネルギーは神に戻らざるを得ない。それが神に戻る時に、あなたを連れていく。すると、その欲求が生じたまさにその場所に、吸収されるであろう。

重要なのは、直ちに欲望を絶つことだ。突然、欲望を絶つ時、あなたはそれをもっと大きな力で遮《さえぎ》る。その時、このエネルギーはその源へ急いで引き返す。欲望を絶つ時に、気づきを維持しなければならない。そうすればこのエネルギーと共に、神へ戻るだろう。もし欲望を絶ち、また考え始めると、その欲望のエネルギーはあなたの新しい思考のエネルギーに変化する。すると、エネルギーはもう源には戻らない。新しい形を帯びるのみである。

97

私の中に欲望や知識が現れない時——その状態にある私は誰なのだろう？　それが私の真の、

本質的な現実である。このように熟考することで、人はその現実に吸収されるであろう。

欲望や知識が出てくる前の、私は誰だろう？　これは、私たちを解放する非常に直接的な問いである。これは、二〇世紀のインドの聖人、ラマナ・マハルシが行い有名になったメソッドだ。マハルシのメソッドは、この節の短いバージョンである。彼は、人は常に「私は誰だ？」と問い続けなければいけないと言っていた。思考が起きた時も、あなた自身にこの質問を尋ねること。

「これらの思考は、誰のものだろう。この私とは、誰なのだ？」と。このメソッドには、努力を要する身体的活動も、チャンティングも、瞑想も必要ない。これは私たちのエゴを溶かす直接の問いかけだ。私の存在の中心にいる、私とは本当は誰なのだろう？　この疑問は、私たちのすべての条件付けの層を取り払い、私たちを真の性質に連れていく。

私の中に欲望や知識が現れない時――その状態にある私は誰なのだろう？　この節は、少し異なる疑問を投げかける。欲望や知識が出てくる前の私は何者なのか？　欲望と知識は、エゴがある時に生じる。エゴがなければ、欲望は存在し得ない。私たちの最高の状態には一つしかない、したがって欲望がどうしてあり得ようか？　欲望が存在するためには、私たちの欲求の対象となる、分離した物体がなければならない。最高の状態には私たちから分離したものは無い、だから欲望もない。エゴが現れると、私たちはこの世界の他の物体から分離していると思い、その中の何かを手に入れたいという欲望が生じる。知識も同じことだ。あらゆるテーマについて限られた知識を持っているのはエゴである。この節は、欲望や知識が生じる前の私たちの状態が、私たちの真の状態だと続ける。それが私たち本来の純粋な状態だ。このように、あなた自身にこの問いを尋ね、熟考することで、あなたはその本来の状態に導かれるであろう。

真の状態に達するために、つまり思考や欲望が生じる前の状態に達するために、まず私たちは思考や欲望の源を見つめる必要がある。思考や欲望が生じる時、あなたにこの問いを尋ねてください――私は誰か？　これらの思考は誰のものか？と。そうすると、あなたの気づきは直接、あなた自身に向き直る。この小さな私、この存在は誰で、これらの思考は誰のものだろう？　そのような存在はいないことにあなたは気づくだろう。心は、気づきの光に照らされると存続できない。心は、たくさんの思考のかたまりに過ぎない。心には分離した存在はない。あなたの注意を振り返らせてあなた自身に直接向け、あなたの思考の源を探すと、心が自動的に沈黙することに気づくだろう。私たちの思考の源、心は、浅はかな存在である。心には分離した存在はない。あなたが自分に気づいている時、この偽りの存在は消える。どこにも見つからない。あるのは気づきと静寂のみだ。その時、私たちの真の状態は気づきであることを発見するだろう。気づきは思考や欲望が現れる前の、私たちの本質的な現実である。

この瞑想は数々の素晴らしい実用的な影響をもたらす。恐れ、自己不信、中毒的欲望が生じる時もあるだろう。次にこれが起きた時は、自分に問いかけなさい――この恐れは誰のものだろう？　あるいは、この不信、欲望は誰のものだろう？　と。内を凝視すると、そこにはそのような存在はいないことに気づくだろう。すると、あなたのすべての恐れや不信は洗い流され、あなたは気づきの中で安らいでいるだろう。

98

欲望や知識が生じたら、それを熟考するのを止めること。そして自己は意識と同一であると考えなさい。すると、真の性質が現れる。

欲望や知識が生じると、私たちのエゴは強化される。私たちは欲望がある時、私はこれが欲しい、私はあれが欲しいと考える。知識でも同じである。私はこれを知っている、私はあれを知っていると。この「私」がエゴだ。「私」が強いと、私たちは縛られている。「私」がない時、私たちは自由である。そのため、この節は欲望や知識を熟考するのをやめなさいと伝える。それはあなたのエゴ、あるいはあなたの小さな「私」を強化しているだけだ。そうではなく、あなたは意識だと信じること。あなたの**真の自己**は意識であると。すると、あなたは目撃者になる。これは、前節に挙げられた問いへの答えでもある。欲望や知識が生じる前の私は何者だろう？　私は意識である。前節では、思考の源を探し、分離した存在などはないこと、気づきしかないことを認識することによって答えを得る。この瞑想では、シンプルに私たちの欲望について考えるのをやめ、気づいている状態に戻る。この二つの節のプロセスは少し異なるが、結末は同じだ。気づきの状態に戻るのである。

この節を実践するには、欲望が生じるたびに、それについて考えるのをやめることだ。代わりに、あなたは気づきであると信じること。気づいている状態に戻り、今の瞬間を生きる。そうするとあなたのエゴは弱体化し、気づきのレベルは強くなる。最終的にあなたのエゴは消え、気づきの中に生きているだろう。

この節は欲望や欲望表現を抑圧するためのものではない。気づきや目撃を促そうとするものである。欲望の「私」と一体化してはいけない。私はこれをしなければならないとか、あれを達成しなければいけない、の「私」だ。それはエゴを強化するばかりだ。代わりに、目撃を実践すること。もし願望が生じたら、観察し、過ぎ去るままにすること。

99

神の真の性質は、原因がない、そして支えがない。すべての人の知識や知覚は、そうではない。おお親愛なる者よ、このように在れば、人はシヴァになる。

神は無条件である。それが、この節の意味だ。これを理解することが重要である。この真実は、私たちの人生を変える力がある。

神の存在は永遠だ。神の存在は、原因や支えに拠るものではない。神には、始まりも終わりもない。さらに重要なことに、神の性質には原因も支えもない。これは、神の性質は不変であることを意味する。いかなる原因や条件にも依存しない。宗教は、神は時に怒り、時に愛情深いと教えている。私たちが善人なら、天国に行ける。善人でなければ神の怒りに触れ、永久に地獄に行く、と。この節は、それはすべて偽りだという。神の性質、神の愛は無条件だ。神の愛はいかなる原因や条件にも左右されない。神の愛は、私たちが分別よく振る舞おうが、無作法に振る舞おうが、変わることはない。私たちは時折り、私たちの行動が神を悲しませたり怒らせたりするかもしれないと思うことがある。だが、何も神を悲しませたり怒らせたりはしない。神の性質は、いかなる原因にも条件にも依存しないのだ。神の幸せや愛に、条件は一切ない。神の愛は無条件であり、制限なく与えられる。それが、神から私たちへの最大のギフトである。代わりに、私たちからこの世に私たちの愛を制限なく、無条件に与えればよいのだ。

すべての人の知識や知覚は、そうではない。人間は、条件を付ける傾向がある。私たちは自分の子供たちがいい子であれば、愛する。もし子供たちが無作法に振る舞えば、彼らへの愛を取り下げる。私たちは怒り、時には子供たちにお仕置きをする。神は決してそんなことはしない。神のように在るには、私たちの子供たちがいかなる振る舞いをしたとしても変わらず愛し続ける必要がある。例外はないのだ。私たちの子供たちは恐れや罰を通してではなく、愛を通してしつけを教わる。人間は、とりわけ人生に対してかなり条件的である。私たちは、人生にいいものをもたらす時は、人生を愛する。嫌なものをもたらす時は、人生を憎む。

親愛なるあなたよ、このように在れば、人はシヴァになる。このように在れば、とは、私たちの性質は神の性質でなければならないという意味である。つまり、無条件で、外的原因や環境に依存しない。ヨガは、この概念を蓮の花に例えて見事に説明している。蓮の花は、水の中で生きている。水中にある。だが、蓮の花に触れると、乾いているのがわかるだろう。蓮の花は水中で生きながらも、影響を受けないのだ。同じ原理を、人生にも適応することができる。この世界で生きていても、その影響を受けることはないのだ。

これを人生に適応するなら、私たちは外的環境に関係なく幸せになろう、喜ぼう、愛そうと決める。人生がどのような環境であっても、私たちはいつでも幸せになる、あるいは喜ぶことを選ぶのだ。これを実践するには、気づきが必要になる。気づいていなければ、人生のすべての状況に対して同じ条件付きの反応を選ぶ可能性がある。ニール・ドナルド・ウォルシュの著書『神との対話』シリーズ（サンマーク出版）でも、よく似たメッセージが伝えられている。『神との対話』は、私たちの在り方は完全に私たちがコントロールできると伝えている。外の世界へ反応しなくてもよいのだ。私たちの在り方は、そうあろうと決心するかどうかに拠る。私たちは幸せに、平穏に、あるいは愛深くなろうと決めることができ、実際にそうなれる。人生がどのような状況であろうとも、だ。これを実践するには、注意を自分自身に向け、己の状態を知る必要がある。その状態が何であれ（悲しい、落ち込んでいる、など）、それを変えること。幸せに、あるいは喜び、あるいは愛深くなること。一日を通して、自分がどのような状態にいるか、気づきを維持すること。誰かに話しかけている時も、あなたの状態に気づき続けなさい。もし何か考えていたり、怒っていたり、悲しんでいたら、それを止めて在り方を変えること。また幸せに、あるいは喜び、あるいは愛深くなること。これがこの節の実践方法である。このようにすると、人は人生がいかなる状況に対しても幸せに、あるいは喜んでいられる。あなたが神のように在る時、あなたは神になる――あなたは自分の真の性質に気づくのだ。

100

意識は、すべての身体が持っている本質的な資質である。どこにも、違いはない。したがって、すべてのものは同一の意識でできている。これを理解することで、人はこの世の存在を制する。

神秘主義者たちは常に、すべての物質、すべての身体はエネルギーでできていると主張してきた。エネルギーは意識から来ている、したがってすべての身体は本質的に意識である。これを理解すると、あなたは、身体という物理的な形をあなた自身とは捉えなくなる。代わりに、自分は意識だと捉える。すると、すぐさま、あなたは気づく。平穏になる。外の出来事に影響されることなく、あなたの人生を生きることができる。どんなことも、起こることは、あなたの身体に起きている。かつて、あなたが抱いていた懸念はすべて身体にまつわる心配だった。もう、そのすべての心配は終わる。もう、あなたは気づきに一体化している。単なる目撃者として、あなたの人生に起こるすべての出来事を観察している。あなたの人生がどうすれば上手くいくかは、もう重要ではない。最終的には、あなたは何からも一切の影響を受けないからだ。あなたは意識であり、物理的な身体やエゴではない。

これを実践するには、あなたは気づきであると信じることだ。すると、あなたは気づく。気づきを継続し、目撃者であり続けること。あなたは気づきと同一化するようになり、エゴや身体との一体化は薄らいでいく。最終的にあなたのエゴは消え、あなたは自由になる。このプロセスは、長くはかからない。『アシュターヴァクラ・ギーター』には、瞬時に起こり得ると書かれている。あなたが意識である、ただそう信じるだけだ。あなたが見ている身体という物理的な形は、実在しないと信じるのだ。あなたの身体は実際、意識以外の何ものでもない。あなたが意識であると信じると、あなたの信念は現実と化するだろう。そうなる時、あなたは自由になる。

意識は神である。したがってこの節は、このように読むこともできる――神は、すべての身体が持っている本質的な資質である。どこにも、違いはない。したがって、すべてのものは同一の神でできている。これを理解することで、人はこの世の存在を制する。これがわかった時、あなたの全人生が変わるだろう。すべてが同一の意識、あるいは同一の神からできているのに、何かが他よりも優れているなどあり得ようか？　すべては神聖だ。私たちは通常、お金や達成、競争、国、宗教、性別、身分などを元に人より優れていると考える。この節は、これらの区別はどれも実在しないと指摘している。私たちはヒンドゥー教徒でも、イスラム教徒でも、キリスト教徒でもない。私たちはインド人やアメリカ人や中国人やその他のどんな国籍でもない。私たちはどんな身分にも、あるいは性別にも属していない。私たちは皆、意識あるいは神である。

この宇宙のすべてのものは、意識から作られている。ということは、人間は鳥や動物、その他どんなものよりも優れた存在ではない。生きものも、生きものでないものも、すべてのものは意識から構成されている。他より優れたもの、劣っているものは何もない。すべては意識から――同じものでできているからだ。私たちは通常、貧しい人や無名の人よりも裕福な人や有名な人を尊重し優遇する。だが真実は、他の人より優れた人など一人もいない。人は皆、同一の意識からできているのだ。

優越感は、私たちを神から遠ざける。私たちが何かより優れていると思っている時、私たちはエゴを強化しており、自己を認識することが困難になるばかりだ。ほかの人より優れていると思っている人はよく、自分よりも劣っていると思っている人々に対してぞんざいな態度をとる。このような例は数多ある。ヒンズー教では、上位の身分の人々は下位の身分の人々に対して酷い扱いをする。大半の宗教の原理主義者たちも、同じことを行なっている。彼らは少数派の人々を酷いやり方で扱う。真実は、優位性は虚構である。すべてのもの、すべての人は同一の神から作られているのだ。

101

強い欲望、怒り、利欲、心酔、陶酔、嫉妬が起きたら――心の働きを止めなさい！　そうすると、その感情の根底にある真の現実が現れる。

感情は、エネルギー（動いているエネルギー）でしかない。エネルギーは中立である。エネルギーはどんな形にもなり得る。欲望、怒り、欲などはすべて、エネルギーの形だ。この節は、強い感情に強調をおいている。強い感情が現れたら、エネルギーがとても高いレベルまで高まっているということだ。怒っている人々を見ると、すぐにわかる。彼らはエネルギーに満ち、襲いかかりそうだ。

止めなさい！　このような強い感情が現れたら、突然に心を鎮めること。あなたは怒り、暴力、あるいは欲や嫉妬を抱えている。突然にそれらを手放すのだ。ただ、気づきなさい。気づいたままでいなさい。すると、この生じたエネルギーは、その源である神に戻るしかなくなる。エネルギーが神に戻る時に、あなたをそこに連れていく。

この節の実践の難しいところは、強い感情が現れていることに気づいていなければいけない点だ。強い感情が起きていると気づいている時のみ、心を止めることができる。問題は、怒っている人や欲に駆られている人は通常、気づきを失っていることだ。もし気づきの状態にいたら、そもそも怒ったり欲に駆られたり嫉妬することは決してない。もしそのような感情が起きているとしたら、あなたは気づきを失っているのだ。このような感情が猛威を奮っている時に、気づきを取り戻す必要がある。そうすれば、心を止めることができる。通常は、そうはいかない。人はこのような強い感情に埋没するあまり、すべての気づきを失う。だが、自分が怒っている、あるいは欲に駆られていると気づける時がある。気づいた時に、この瞑想を実践することができる。

102

世界全体を魔法のような奇術、絵、あるいは幻覚として見なさい。この瞑想から、喜びが現れる。

私たちはこの世界は実在で、だから苦しいのだと考えている。私たちの心は常に人生やこの世界で起きることを考えては心配する。だが、この世界は幻想でしかないことに気づいたら、そのようなことは考えなくなる。すると心は静寂になり、あなたは解放される。

世界全体を魔法のような奇術、絵、あるいは幻覚として見なさい。世界は幻想である。私たちは世界が実在していると信じるから、実在に見える。この節は、私たちの信念とこの世界に対する認識を変えなさいといっている。この世界は実在しないと信じなさいと。すると扉が開き、究極の現実を経験する。世界を幻想、あるいは偽りとして見ること。あなたは、もうそれほど世界のことを考えなくなる。代わりに、人生の移り変わりを眺める目撃者になる。映画を観る時、映画が終わるとそれはただの映画だったことがわかる。誰も怪我せず、死んでもおらず、何も悪いことは起きていない。この世界についても同じことである。本当のものは、決して死なない。人々は死なない。ただ形を変えるだけだ。身体は過ぎ去るかもしれないが、永遠の自己は生き続ける。世界が幻想であり、価値あるものは破壊されないと知ると、あなたの生き方は新しくなる。あなたはすべての恐れを失い、自由に生きる。もう、あなたの人生やこの世界で起こることに影響されなくなっている。

この世界が実在しないことを知ると、世界への執着から離れることができる。この世界から離れると、もうそのことは考えなくなる。そうなると、楽に気づき続けることができるようになる。そして、人は自らの真の性質に気づくのだ。

認識を変える方法は、心を静めるのにとても強力な効果を出し得る。それが、この節の作用である。もしこの世界が実在だと思っていると、あなたはそれについて過剰に心配し、この世界やあなたの人生に起きることばかりを考え続ける。ここで、この世界が実在しないと認識あるいは信じると、直ちに世界のことを考えなくなるだろう。実在しないものを考える理由などあろうか？　心は、ひとりでに静寂に落ちる。努力は要らない。そしてあなたは考える代わりに、ただ気づきをもって今の瞬間を最大限に生きるのだ。

この瞑想から、喜びが現れる。私たちのすべての不安、すべての懸念は私たちの身体か、この世に関わることだ。この世は無であることを知ったら、どんな問題や心配があるというのだろう？　私たちの生活は喜びに溢れる。この文は、心が静寂に落ちた時のことを伝えている。そうなった時、私たちの真の性質の喜びがおのずと現れる。

悟りを得たマスターたちは、私たちは夢の世界で生きていると頻繁に伝えてきた。とてもリアルに見えているものは、実際には存在しないのだ。この世は私たちの心が生み出したものだというマスターたちもいる。この私たちに見えている世界は、本当は存在していない。このような発言に、いつも人々は当惑してきた。こんなにリアルに見える世界が幻想だなんて、そんなことがあるだろうか？　私たちの周りにあるものは、実にしっかりとリアルに存在しているように見える。これを理解するには、もう一度映画の例を思い出すとよい。映画を観ている時、スクリーンに上の画像は映写機を流れて映されている。もし映写機のスイッチを切ったら、いろんな画像は見えなくなり、スクリーンが見える。心は、この映写機のようなものだ。心の「スイッチ」を切ると、あるいは制御できると、もう人生の多様性は見えなくなる。代わりに、すべての存在の一体性が見える。

心が静止する時、私たちは究極の現実を経験する。私たちには人生や世界があるがままに見え、以前のようにはもう見えない。客観的現実としての世界は、もう存在しないのだ。

103

快楽または苦痛に思考を向けてはいけない。おお女神よ、真の現実はこの二つの間にあることを知りなさい。

『カタ・ウパニシャッド』は、魂は二つの道——快楽の道と喜びの道に惹かれると伝えている。人生を繰り返すたびに快楽の道を辿る者は、至高に到達しない。喜びの道を辿る者は向こう岸に到達し、解放される。この節は、同じことを教えている。快楽や苦痛に執着しないということだ。そこに救済はない。

快楽へ執着すると救済に達しないと伝える原典は、他にもある。『アシュターヴァクラ・ギーター』は、私たちは何度も人生を生まれ変わってはあらゆる快楽にふけっても、そのすべてを失うだけだと伝えている。そして、それを一切やめなさいと忠告している。『バガヴァッド・ギーター』のクリシュナ神は、「感覚の世界から、快楽や苦痛が生まれる。それらは、来ては過ぎ去る。一時的なものだ。それらを越えなさい」（2:14）と言っている。私たちは感覚器官を介して人生を生きると、快楽や苦痛を経験する。神に達するためには、快楽や苦痛の世界を超越しなければいけない。どうすれば、そうできるのか？　私たちの感覚器官から受け取るすべての情報から切り離すのだ。代わりに、内を向き、私たちの中の喜びを探すのである。これは、この原典が繰り返し伝えているメッセージである。外の世界の影響を受けなくなると、外の世界はもう私たちを支配できなくなる。その時、私たちはマスターになる。

快楽や苦痛は一時的なもので、実在せず、続かない。だからこの節は、それらのことを考えないようにと伝えている。その時限りのものに時間を無駄に費やさないことだ。そうしても、永続する幸せには至らない。私たちは快楽を求め続けながら、何度もの人生を生きる。快楽は常に、はかないものである。通常は、その後に苦痛がやってくる。苦痛なくして、快楽は得られないのだ。もしあなたに山があるなら、谷もついてくる。このようにして、人は何度もの人生を生きながらこのサイクルを繰り返す。私たちは束の間の快楽を求めるが、その後には苦痛を味わうだけだ。この快楽と苦痛の二元性は一生、あるいは何度もの人生にわたって続く。私たちがついにはもっと何か高いものを求めるまで、続く。

おお女神よ、真の現実はこの二つの間にあることを知りなさい。快楽と苦痛の間に、何があるのだろう？　それは、気づきと喜びである。ここに、真の現実が見つかる。気づいている時、私たちはそれでも苦痛や快楽を経験するが、苦しむことはない。苦しみは判断から生じる。私たちは快楽はいいものだと判断し、苦しみは悪いものだと判断する。マスターは決して判断をしない。ただ、気づいている。判断せずに快楽や苦痛を経験するので、苦しむことはない。私たちが身体やエゴで生きている時は、常に外の環境に反応している。快楽は心地よく、私たちは快楽を好む。苦痛は心地悪いので、嫌う。マスターにはエゴがないので、好きも嫌いもない。一貫している。常に喜びに溢れている。

快楽や苦痛に影響されてはいけないという文を読むと、人は感覚も感情もない機械のようにならなければいけないのかと考えるかもしれない。そうではない。外的環境に関係なく、喜びに溢れているべきだという意味である。人生はすべてを完全に祝福すべきものである。人生が悪しき状況にあっても、である。死者のように生きるべきではない。その日のすべての瞬間を祝福し、楽しむべきなのだ。それが、この節の伝えるところである。快楽のある時に人生を楽しみ、苦痛がある時に人生を嫌うべきではない。快楽であれ苦痛であれ、あるいは他の状態であれ、人生を楽しむのだ。そのため、『カタ・ウパニシャッド』は二つ目の道として喜びの道について述べている。これが、神に至る道である。外の世界で何が起きていようと関さず、喜びに溢れる道である。この道を行くなら、あなたはもう世界に支配されることはない。

これを、OSHO・ラジニーシは見事に説明している。私たちは常に、不幸になるのか幸せになるのか、惨めになるか喜ぶか、選択肢があると彼は言った。外の出来事をコントロールすることは出来なくとも、その出来事にどう反応するかは私たちはいつでもコントロールできる。幸せになれるというのに、なぜ不幸を選ぶのか？　喜びに溢れてもよいのに、なぜ惨めになることを選ぶのか？　賢明なのは、喜びを選ぶ者である。

クリシュナ神は、生涯を通してこの真実を示した。彼は常に喜びに溢れ、いつも人生を祝福していた。現在は、彼のこの面は強調されていない。そうではなく、『バガヴァッド・ギーター』で与えられた彼のメッセージだけが重要とされている。だが彼は『バガヴァッド・ギータ ー』で彼が教えた真実を生き方で示した。人生を祝福してもよいこと、人生を楽しんでもよいこと、人生の快楽を楽しむのもよいことなのだと。この節は、人生の快楽を楽しむべきではないといっているのではない。タントラは、決してそのようなことはいわない。この節が伝えているのは、幸せや喜びを快楽に依存すべきではないということだ。すべてを楽しみなさい、だがあなたの幸せのために、外的なものは一切必要としないことである。外の世界にある快楽は、あなたの内に見出す喜びとは比較にもならない。『ブリハッド・アーラニヤカ・ウパニシャッド』は、これについて詳細に論じている。その中で、もしこの世のすべての快楽を挙げると名声、財産、権力などが挙げられる。これらを、一つの単位とする。次に、あなたが霊的に成長すると、あなたが内で味わう喜びも発展し続ける。『ブリハッド・アーラニヤカ・ウパニシャッド』は、この喜びを段階ごとに数値化し、外の世界から得られる快楽の何倍もの喜びであると伝えている。最終的には、解放の喜びはこの外の世界で味わえるすべての快楽を合わせたものの一兆倍だと伝えている!

この節はどのように実践するか? まず、快楽のことも苦痛のことも考えないこと。代わりに、人生の今この瞬間を生きていることに気づくこと。一定の気づきに達すると、あなたは必然的に喜びに溢れる。あるいは、ＯＳＨＯや『カタ・ウパニシャッド』がいうように、ただ「喜べば」よい。あなたがどういう状態であるかに気づき、それを変え、喜ぶのだ。喜びでいられるよう、一日を通してあなたの状態に気づいていること。いずれ、あなたは完全に気づき、完全なる喜びに溢れる時が来る。このようにして喜びの道を進み、神に至るのだ。

104

身体の心配は、もう手放しなさい。「私はいたるところにいる」と、他には何もないという揺るぎない心とビジョンで信じなさい。すると、喜びを得るだろう。

この身体を自分だと信じており、それによって束縛を感じている。自分は身体であるという信念が遮るため、私たちは真の性質を見ることができない。本書には身体への執着を破ろうとする節が多くあり、これもその一つだ。この節は、代わりとなる新たな信念を実践のために与えている。私たちは至るところに存在していると信じること。これが、私たちの性質の真実である。私たちは神の一部であり、神は至るところにいる。従って、私たちも至るところにいる。この節は、私たちが信じるべき新しい思考、新しい概念を与えてくれる。新しい信念は、私たちの**真の性質**を正確に描写している。これが、永劫への扉を解錠する。実践すると、この信念はゆっくりと現実に変わっていく。そうなった時、私たちは解放されている。

身体の心配は、もう放しなさい。もちろん、身体を大事にし、病気にならないように努めなさい。だが、身体をツールとして捉えることだ。それがあなたの**真の自己**だと見なしてはいけない。この節は、そう伝えている。

「私はいたるところにいる」と、他には何もないという揺るぎない心とビジョンで信じなさい。新しい信念を取り入れるというのは、座って行う瞑想とは違う。座って行う瞑想は日々、一定の時間、実践する。新しい信念は、一日を通してあなたが抱き続ける概念である。一日に一度、

「私は至るところにいる」という信念を考え、また他のことを考え始めるということではない。この信念を一日中、維持しなければならない。そうすると、この信念はあっという間に現実化するだろう。この節は、この信念のことだけを考え、他のことは何も考えたりビジョンとして描いてはいけないと伝えている。古代インド叙事詩『マハーバーラタ』を読めば、明確にわかるだろう。

ドルパダ王は、娘ドラウパディーにふさわしい夫を見つけるために、ある儀式を催した。数々の偉大な戦士や王子らが招待された。水に映る魚を見て、その魚の目を矢で射ることができた者が、ドラウパディーと結婚することができる。直接、魚を見ることは許されず、水に映る姿のみで目を射るという条件だった。魚を映す水は床の上に置かれ、実際の魚は戦士たちの頭上を泳いでいる。つまり床を見下ろし、水面に映った魚を見ながら、矢は上に向かって射るのだ。多くの偉大な戦士たちがやってみたが、失敗した。成功したのは、アルジュナだけだった。どのようにして成功したのか尋ねられ、アルジュナは答えた。「私には魚の目だけが見え、他には何も見えませんでした」

この節を実践する時は、このように一点に集中しなくてはならない。あなたは、至るところにいると信じなさい。他のことは何も考えず、またそれ以外の何も信じないことだ。すぐにこの信念は現実と化し、あなたは自由になるだろう。

この聖典には、私たちを解放するたくさんの信念が伝えられている。どれもすべて、この節の一点にフォーカスすることで実践できる。すると、結果はあっという間に得られるだろう。

この単一点フォーカスは、人生の他の目標に達するためにも使うことができる。あなたには他にも、人生に熱望していることがあるかもしれない。そうであるなら、その目標だけを考え、他は何も考えないことだ。あっという間に目標に到達することだろう。

105

知識、欲求などは私の中にあるだけではなく、瓶や他の物の中に、至るところにある。この信念によって、人は遍在的な存在となる。

この節は、前の節のバリエーションである。知識、欲望などは私の中にあるだけではなく、瓶や他の物の中に、至るところにある。カシミール・シヴァ派では、**神**は主に三つのエネルギーを持つと言われている。知識のエネルギー、行動のエネルギー、意図あるいは欲求のエネルギーである。この節で使われている言葉、知識、欲求とは、**神のエネルギー**のことである。この節は基本的に、**神のエネルギー**は私の中だけにあるのではなく、至るところ、瓶や他の物体の中にもあると伝えている。この文は、二つのことを示している。一つは、私は身体ではない、私はエネルギー、**神のエネルギー**であるということだ。二つ目は、その同じエネルギーが至るところ、瓶や他の物体の中にもあるということだ。したがって、すべての物質は、生きているものもいないものも、**神のエネルギー**でできている。他には何も存在せず、あるのは**神のエネルギー**だけだ。このエネルギーは遍在している。すべてのものは、このエネルギーでできている。私はこのエネルギーでしかないのだから、このエネルギーが至るところにあり、私は至るところにいる。

この節は、前節と基本的に同じことを伝えている。私は至るところにいると信じること。違いは、この節は、この信念の背後にある真実を伝えているところだ。この信念がどのように真実であるかを説明している。この世のすべては、**神のエネルギー**に他ならない。あなたはこのエネルギーなのだから、あなたは至るところに存在している。この節は、次のようにもいえる。「エネルギーは私の中にあるだけではなく、瓶や他の物の中に、至るところにある」あるいはもっとシンプルに、「私は至るところに存在している」「私は至るところにいる」といってもいい。

この信念によって、人は遍在的な存在となる。あなたは遍在する（至るところに存在している）と信じると、あなたは遍在的な存在となる。信念は必ず、現実になる。ここに、他の選択肢はない。私たちが信じることは、どんな事であれ、現実化せねばならない。自分が遍在していると信じると、私たちは遍在的な存在となる。真の性質を認識し、私たちは神になる。

106

客体と主体の気づきは、すべての生きものが共通して持っている。だがヨギの特質は、常に自らに気づいている点にある。

これは素晴らしい節で、たいへん重要な節である。本当の気づきとは何かを定義している。

客体と主体の気づきは、すべての生きものが共通して持っている。誰もが、自分と他のものとの関係性を主体と客体として気づいている。私たちは自分が主体であり、私たちの感覚領域に入ってくる他のものはすべて客体と捉えている。もし誰かに話しかけているとしたら、相手は客体であり、主体は私たちだ。同様に、私たちが山や海を眺めている時は、山や海が客体で、私たちが主体である。

だがヨギの特質は、常に自らに気づいている点にある。気づくためには、私たちの注意の一部を振り返らせ、自分自身に向けなければならない。もし注意の一〇〇％を外に向けていたら、私たちは客観的実在に埋没する。大半の人は一日中、そうなっている。例えばあなたが誰かに話しかけている時、通常、あなたはその会話に完全に没頭する。話をしている自分自身には気づいていない。あなたの注意の一〇〇％が話しかけている相手、客体に向いている。この時、あなたは客観的実在に一〇〇％埋没している。

気づくため、気づきの状態にいるためには、あなたの注意のいくらかを反対に返さなければいけない。あなた自身に、気づきを振り返らせなければならないのだ。ダグラス・ハーディングはこれを「注意の矢を逆に向ける」と呼んだ。通常、私たちの注意は外にしか向いていない。ここでは、その注意のいくらかを反対に向け直し、自分自身に向ける。そうすると、あなたは自分を認識している。話をしている時、あなたは話している自分に気づきを向けている。食べものを食べている時、あなたは食べものを食べていることに気づきを向けている。誰かの話を聞いている時、あなたは話を聞いている自分に気づきを向けている。気づくとは、目撃者になるということだ。あなたは、自分がしていること、どのように自分が反応しているかに常に気づいている。私たちの真我はこの目撃者（私たちの魂）であり、身体やエゴではない。私たちは気づいている時、真の状態にあるのだ。

私たちが思考や客観的実在に埋没している時は、気づきの状態にはいない。気づいている時間が長くなればなるほど、私たちの気づきは発達する。完全な気づきに到達すると、私たちは最高の状態に達する。

どれくらいの注意を自分に向け直さなければならないか？　それはその時々によって変わる。ここに決まったルールはない。ある時は、あなたの一〇〇％が自分に向き直っている。また、注意の大半が外に向き、ほとんど自分には向いていない時もある。大切なのは、少なくとも注意の一部が、たとえ一％でもあなたに向いていることである。そうでなければあなたは気づきの状態におらず、客観的実在に埋没している。気づくとは、自分に気づいているということである。それがこの節が伝えていることだ。

時により、気づくとは目撃している状態ともいえる。どちらも同じことを意味する。あなたが自分に気づいている時、あなたは目撃者であり、気づきの状態にある。

だがヨギの特質は、常に自らに気づいている点にある。この節の実践方法は、この文で伝えられている。常に自分に気づき続けること。シンプルにいうなら、常に気づいていること。大切なのは、常にということだ。気づき続けること、気づきの状態を維持しなければならない。もし思考や客観的実在に埋没したら、また気づくこと。気づく、自分に気づくとは、今この瞬間を生きるということである。思考は私たちを過去や未来に連れていく。すると私たちはもう、自分に気づいていない。この節のヨギという言葉は、広義に用いられている。ここでは、単なるヨガ実践者を指しているのではない。悟りを得た人のことをも指している。悟りを得た人と得ていない人の違いは、悟りを得た人は常に気づいている点だ。食べている時、飲んでいる時、風呂に入っている時、話している時、歩いている時、映画を見ている時、他のどんなことをしている時も、自分に気づき続けることだ。前出の節には、一日中呼吸に気づくこと、あるいは自分がどのような状態にあるか気づいているよう教えるものがあった。これらも、自分に気づきなさいと説いている。この節を実践するために、自分の呼吸に気づいてもよいし、あるいはどんな状態にあるか（喜び、愛）に気づいてもよい。あるいはただ自分に気づくことだ。

一日を通して気づき続けていると、あなた自身に確実な変化が起きていることに気づくだろう。気づいていると、一定の振舞いを続けることはできなくなる。怒り、欲、暴力、恐れ、憎悪などがあなたの人生から消えるだろう。怒ったり恐怖を感じたりするのは、気づきを失った時だけである。あなたが自分に気づいている限り、怒りやネガティブな状態になることは不可能なのだ。怒っている人は、完全にその状況あるいは客観的実在に埋没している。その人は、自分への気づきを失っているのだ。

この聖典には、ヨガを定義する美しい節がある。それがヨガの主な教えを示している。これもその一つだ。だがヨギの特質は、常に自らに気づいている点にある。

107

自分の身体への心配は傍に置き、自分の中に在るのと同じ意識が他の身体の中にも在ると継続的に信じなさい。数日のうちに、その人はすべてに浸透するだろう。

ヨガとタントラは、すべての物質はエネルギー以外の何ものでもないと伝えている。そして、エネルギーは意識から来ているという。したがって、すべての物質は意識である。物質を深く見つめると、エネルギーが見つかることだろう。エネルギーを深く見つめると、意識が見つかるだろう。この文献のいくつかの節で、身体はエネルギーに他ならないと伝えている。他に、私たちは本質的に意識に他ならないと伝える節もある。これらは同じことを意味している。ものの見方によって変わるのだ。

自分の身体への心配は傍に置き、自分の中に在るのと同じ意識が他の身体の中にも在ると継続的に信じなさい。この瞑想を実践するためには、まず初めに自分自身をこの物理的な身体から引き離すことだ。身体を傍に置き、自分は身体だと信じるのをやめること。そうではなく、私たちは意識であると信じるのである。私たちの中に在るのと同じ意識が、他の身体の中にも在る。私たちは至るところに存在する、無限の意識体の一部なのだ。すべてはこの意識からできている。意識の代わりに**神**という言葉を用いると、理解しやすいかもしれない。自分の中に在るのと同じ意識が他の身体の中にも在ると信じ続けなさい。これは、非二元性の基本理論である。存在するのは、**神**のみである。すべてのものは**神**からできており、すべては**神**の一部である。**神**はすべての人、すべてのものの中に居る。

現代の**神**のメッセンジャーの一人、ニール・ドナルド・ウォルシュは著書『神との対話』シリーズで非二元論をシンプルな美しい文章でこのように説明している。私たちは皆、一つである。これが、この節の伝えるすべてだ。私たちは皆、一つである。同一の意識、あるいは神は私たちの中におり、他の身体の中にもいる。私たちは互いに分離してはおらず、神とも分離していない。存在しているのは、神（あるいは意識）のみである。私たちはみな、全体性の一部である。私たちはみな、神の一部である。私たちはみな一つである。神は、何世紀も前から私たちにこのメッセージを送り続けている。『イーシャ・ウパニシャッド』は「自らの中にすべての存在を見る者、すべての存在の中に自らを見る者は、すべての恐怖を失う」と伝えている。『アシュターヴァクラ・ギーター』は「賢明な者は、すべてのものの中に自分自身があり、自分自身の中にすべてのものがあることを知っている」と伝えている。そして『バガヴァッド・ギーター』は「彼がすべての中に私を見出し、私の中にすべてを見出す時、私は決して彼の元を離れず、彼は私の元を決して離れない」と伝えている。

この瞑想を実践するには、私たちはみな、一つであると継続的に信じること。この節の強調は、継続的にというところだ。信念は、一日を通して継続的に保持せねばならない。これを実践すると、この信念はあなたの中に強力に染み込んでいく。信念が強くなればなるほど、速く現実化する。この信念は、実践が伴わねばならない。他人はあなたの一部であるかのように接すること。私たちはみな、一つであるかのように他人に接すること。他のすべての人に対するあなたの行動は、劇的に変わるだろう。あなたは自分を傷つけたり、虐待したり、自分に向かって怒ったりはしないだろう。ここでは、こういったことを他人にしなくなる。あなたはもう他人を「他人」とは見なさず、あなたの一部と捉える。すると他人に暴力を振るったり、恐怖や憎悪や嫉妬や怒りなどネガティブな感情で接することはなくなる。代わりに、優しさ、愛、慈悲、赦し、共感をもって接するようになる。相手が自分であるならそのように振る舞うからである。すると、すべての人はあなたの一部であり、あなたはすべての人の一部となっている。

時により、人は私たちに冷酷であったり、私たちの人生に問題や困難をもたらしたりする。通常であれば反応として私たちはその人を嫌ったり、その人に怒ったりする。あなたの人生で次にそのようなことが起きたら、あなた自身にこう言うこと。「私は、この人である」（「自分の中に在るのと同じ意識が他の身体の中にも在る」）瞬時のうちに、あなたのすべての怒りと憎悪は消えるだろう。あなたは愛と尊重をもってその人に接するだろう。そして、相手からも同じような反応を受け取るのはよくあることである。『アシュターヴァクラ・ギーター』はこれを見事に説明している。

あなたは、あなたの目に映るすべての中にいる。
あなたの他は存在しない。

ブレスレットもバングルも、
踊るアンクレットも
すべて同じ金であるのと同じように。
誰も、
神さえ、あなたから分離していない。
あなたは純粋意識である。

とある。

宗教とタントラ、あるいは宗教と非二元の哲学は大きな違いがある。宗教は報酬と罰のシステムを用いてあなたを変えようとする。あなたが善人であれば、あなたは天国に行く。もし善人でなければ、あなたは地獄に行く。ここから期待が生まれる。この期待が、私たちの日常生活の中でいらだちと苦しみを生む。もし私たちが人に親切にすれば、相手も私たちに親切にしてくれるものと期待する。もし相手が私たちに親切でなければ、私たちは怒る。あれだけやってあげたのに、私をこのように扱うのか、と考える。一方、タントラは宗教とはかなり異なる。

タントラは報酬と罰のシステムを使って私たちの行動を変えようとはしない。タントラは、あなたを完全に変えようとする。あなたを、あなたの存在の中心から変えるのだ。あなたを親切な、優しい人間に変えようとする。あなたが親切な人なら、親切な人が行うことを自動的に行う。親切な人は報酬を受けるためではなく、ただ親切だから人に優しくする。誰かがあなたに親切でなかったとしても、気にも留めない。あなたは親切であり続ける。それがあなたという人から表れるものだからだ。

私たちは皆、一つであるという、この一体性の信念を理解し、実践すると、イエス・キリストの素晴らしい言葉のもっと深い意味が理解できることだろう。キリストは、自分に対するように他の人に接しなさいと言った。あなたは、他の人にしてほしいことを人に行う。その理由はシンプルで、あなたと他の人は一つだからだ。あなたが他人にしていることは、実はあなた自身に行っている。あなたが他人に行うことは、いつかあなた自身も経験する。もし誰かに怒っているなら、誰かがいずれ、あなたに怒るだろう。もし誰かを騙したら、いずれ誰かがあなたを騙すだろう。一方で、もしあなたが愛を与えたら、あなたは愛を受け取るだろう。つまり、これはカルマの法則でもある。この法則はシンプルな理由のために作用する。他者はいない。ただ一つのみがあるということだ。あなたは他人に対して行動していると思っているが、実はあなたは自分に対して行動しているのだ。何であれ、あなたが与えるもの、放つものはあなたの元に返ってくる。他には誰もいないからだ。もし愛を受け取りたいなら愛を与え、愛になること。そうすれば、あなたは豊かな愛を受け取るだろう。

人は、自分の仕事や人間関係に満足できない時がある。人間関係の相手は両親、配偶者、あるいは誰でもあり得る。彼らは、幸せの真の源は外から来るのではなく、内的なものだということに気づいていない。私たちは、与えるものだけを受け取る。私たちは、仕事や人間関係に何も注ぎ込まなければ、そこから幸せを受け取ろうと期待することはできない。鏡を例にとってみよう。鏡は私たちの姿を映す。鏡は、私たちの有り様を示す。もし私たちが太ったら、太った姿を映すだろうし、痩せたら、痩せた姿を映すだろう。この世も同じようなものだ。この世は私たちをただ反映したり、私たちが注ぎ込んだものを私たちに返す。仕事や人間関係でもっと幸せになるためには、私たちがもっと幸せを与えなければならない。幸せや喜びの真の源は、内にある。私たちが幸せでいる時、そして幸せを与えている時に、私たちは幸せを受け取る。外の世界は私たちの内の状態を単に反映し、私たちが与えたものを単に私たちに返してくるに過ぎない。

マスターが、憎しみを憎しみで終わらせるものではない、愛で締めくくりなさいと言うのは、そのためだ。どんなエネルギーであれ、あなたが与えたエネルギーがあなたの元に戻ってくる。もし憎悪を受け取っているなら、あなたは愛を与え返すべきだ。すると、愛を受け取るだろう。この原理は、人生のすべてに該当する。火は、火で消すことはできない。水で消える。憎悪は憎悪では終わらない、愛で終わる。暴力は暴力では終わらない、非暴力で終わるのだ。

108

おお愛らしい目をした者よ、すべての思考を止めると、心を維持させるものがなくなる。すると自己は神の至高の自己となるだろう。

身体が生存するためには、食べ物と水と空気が必要である。この三つがなければ、身体は存続できない。心が生存するためには、何を必要としているか？　心は存続するために思考を必要としている。心にとっての思考は、身体にとっての食べもの、水、酸素なのだ。心は思考を栄養にして生きている。あなたは考えるたびに心を強化しているのだ。

心は、思考の寄せ集めに過ぎない。また、あなたが気づき続けている時、あなたは心を弱体化させている。

おお愛らしい目をしたあなたよ、すべての思考を止めると、心を維持させるものがなくなる。すると自己は神の至高の自己となるだろう。すべての思考をやめなさい。あなたが考えていることに気づいたら、思考を止めて、今の瞬間に戻ること。これを一日に何度も行うことになるだろう。何か問題に直面している時でも、これを実践すること。私たちの思考が、私たちの人生に束縛と苦しみを生む。たとえ快いことや楽しいことを考えているとしても、その思考を止めて気づきに戻ること。楽しいことを考えている時の幸福感は、心が静止している時に感じる平安と喜びにはとてもかなわない。

思考を止めようと努めると、思考は減る。思考の間の隙間の時間が長くなってゆく。思考が減ると、あなたの心は弱くなっていく。いずれ、心が突然に壊れてすべてが消える瞬間が訪れる。建物の構造をもろくしていくようなものだ。構造のパーツを少しずつ、除去するのである。思考を減らすことで、実際に構造を弱体化させることになる。ついには構造がとても弱くなり、建物全体が崩壊する。この節を実践すると、心に同じことが起きる。このプロセスは、説明されているように徐々に進める必要性はない。中には、思考を止めてすぐに心を制御できる人もいる。それはあなたがどれくらい覚悟を決めているか、あるいは意図を持てるかによる。思考せず、心が永遠に静止するまでほんの数分で事足りるのだ。

人類にはエイズ、癌、マラリア、ハンセン病など多くの病気がある。病気の深刻度は、時代を経て治療法が発見されるとともに変遷してきた。病気の中でも最悪なのは、制御不能な思考という病気だ。今や医療従事者でさえ、私たちの思考は健康に影響を与えることを認めている。不安、憎しみ、恐れ、暴力、貪欲といった思考は私たちの健康にネガティブな影響を及ぼす。一方で、愛、情け、喜び、幸せの思考は私たちの健康にポジティブな影響を与える。制御不能な思考が病気だと考えられているのには、もっと深い意味がある。私たちは思考に妨げられるため、真の性質、無限の素晴らしい喜びを経験できない。私たちの不幸と苦しみの原因は思考や、思考から派生する判断、期待、非難である。私たちがただ気づいている時、そこに判断はなく、あるのは経験のみである。したがって、苦しみはない。もっと大切なのは、心が静止している時に私たちは真の性質である喜びを経験する。私たちの真の性質は純粋な喜び、無限の喜びである。心はダムのように堰き止める。心は、私たちの性質である喜びを味わい表現することを抑止する。ダムの壁を壊すと、その辺りの領域には水が氾濫する。心が静止している時に、似たことが起きる。あなたは喜びに溢れ、あなたの周りのすべての人はこの喜びを感じることができるのだ。この喜びに終わりはなく、あなたはその後一生、その喜びを味わい続ける。

心を止めて気づきの中で生きている時、あなたは毎瞬毎瞬を今の中で生きている。人生に起きることはすべて、どれほどネガティブに見えるものも受容する。あなたは**神**を深く信頼するようになる。すべては、あなたにとって申し分なくうまくいっていることがわかる。あなたの人生に起きるものごとはすべて、あなたの進化を助け、あなたを真の性質に近づけるために起きている。死ですら、それがあなたにとって最善であることがわかり、平静に死を受け入れる。ロード・クリシュナは『バガヴァッド・ギーター』で見事に伝えている。「初めはカップ一杯の悲しみに見えるものが、いずれ、不死のワインであることがわかるのだ」(18:37)

すると自己は神の至高の自己となるだろう。鏡の前に立つと自分の姿が見える。だがもし鏡が埃で覆われていたら、あなたの姿は見えない。まず埃の層を拭き取らなければ、見えない。心は、この埃の層のようなものだ。埃がなくなって初めて、あなたの真我が見える。心が静止している時に私たちのエゴは消え、**神**が現れる。私たちの制限された自己は消えて、真の**神性**が見える。私たちは肉体を持った**神**になるのだ。

109

神は全知であり、全能であり、遍在する。「私には神と同じ資質がある」と揺るぎなく信じなさい。すると、人は神になる。

私たちはみな神の一部であり、神は私たち一人ひとりの一部である。神は私たちの真の性質である。私たちのエゴは幻想の性質である。私たちのエゴは知識、パワー、存在において制限されている。一方で神は全知全能ですべてに浸透している。この節では、自分の信念を変えることでエゴとの一体性を破る。私たちは神と同じ資質を持っていると信じるのだ。私たちは全知、全能で遍在していると。

この節は「揺るぎなく信じなさい」といっている。これはくじけることなく継続して信じるということだ。すべての信念は現実化する。どれくらい速く現実化するかは、その信念がどれほど深く染み込んでいるかによる。この信念を完全に確信し、一日中、維持すること。ネガティブな思考が居座る隙を与えず、全知全能の遍在は「不可能だ」と伝えてくる心の誘惑に乗ってはいけない。あなたのエゴにはそのようなことは不可能だが、真のあなたにとっては不可能ではない。真のあなたは、神である。神にはこのような資質がすべてである。

この信念を断固として取り入れる最善の方法は、実践することだ。まずは、知っている、あるいは無限の知識があると思うこと。もし人生で当惑したり混乱したりするようなことが起きたら、内に入って答えを求めることだ。あなた自身に質問し、あなた自身に答えさせること。夜に自分に質問しておき、朝に答えてもいい。間の時間をもっと短くしてもよい。すぐに答えてもよい。自分に答える時、あなたの内にある叡智に驚くことだろう。その時、内なる源はすべてを知っていて、あなたは実際にすべてを知っていることに気づくであろう。この節を活用すること。この節には数々の実践的な利点がある。人生について、重要な質問を尋ねること。どの仕事を選べばよいか、誰と結婚すべきか、ある特定の問題をどのように解決すればよいか、尋ねることだ。そして、人生を導いてくれるあなたの中の叡智を活用すること。

この節を、全能を使って適用していくこともできる。山を動かそう、あるいは車を持ち上げようとはしないこと。奇跡を行えることを示したマスターたちがいるとはいえ、そのようなことができるまでには大幅な進化を遂げなければならない。そうではなく、初めは自分にはできないと思われる、何か小さなことから始めることだ。人生のゴールを達成するためにいくつもの深刻な障害を乗り越えた人々が実例として存在する。彼らには、ほかの人なら諦めるような状況でも粘り続ける強さとパワーがあった。初めは自分の力には負えないと思われる課題や目標を自分に課すこと。新しい言語を学習するとか、車のタイヤの交換方法を学ぶなど、シンプルなことでいい。そしてその目標を遂げるために行動を始め、だめだという答えは決して受け入れないことだ。失敗することは考えず、失敗を受け入れてもいけない。あなたは自分の内なる強さと能力に驚くだろう。そして目標に簡単に達成できることもあるのだと驚くことだろう。すると、あなたは自分について新しい、素晴らしい結論に達する。それは、あなたがハートと心を定めれば、できないことは何もないというものだ。

この信念についての真実を経験すればするほど、それは早く現実化する。人はそうして全知全能となり、遍在するようになる。

すると、人は神になる。自分は神であると信じる時に、人は神になる。それがこの節の働きである。自分には神の資質があると思っているということは、自分は神であると信じているということだ。私たちは神であると信じれば信じるほど、私たちは自分がエゴであると信じなくなる。この信念が現実に変わるにつれて私たちのエゴは消え、私たちは神となる。

110

水から波が生じ、火から炎が生じ、太陽から光が生じるように、宇宙のあらゆる形は私、神から生じている。

これは美しい節である。シンプルな例をもって、多くのことを私たちに教えている。水から、波が生じる。そこに分離した存在はない。水しかない。波が自らの姿を見たら、恐れをなすかもしれない。自らには始まりと終わりが、誕生と死があると思うだろう。波が水でしかないことに気づけば、もう恐れることはない。水には誕生も死もない。宇宙のすべての形あるものも、同じである。宇宙のすべての形に、分離した存在はない。それは神から生じている。波が水でしかないように、すべては神でしかない。あなたがこれを理解できたら、あなたの人生から恐れが消え去る。あなたは破壊され得ない。あなたは神の一部であり、誕生も死もない。あなたの身体は破壊されることがあっても、あなたは破壊されないのだ。あなたは神の一部であり、あなたは永遠に生きる。

あなたの生命が永劫であることを認識すると、あなたは新しい生き方をするようになる。この世への執着や起こり得るあらゆる問題への執着から簡単に離れられるようになる。あなたは永遠に生きるとわかっていたら、問題がそれほど重要になり得ようか？　そして、楽しい経験にもしがみつかなくなる。生命は永遠に続くのだから、また味わいたいと望んでいる経験はまたいつか再び経験できるとわかっている。さらに重要なのは、外的な出来事や人間関係から得られる喜びは、あなたが内で味わう喜びに比べればほんの断片にしか過ぎない。そう理解すると、あなたはこの世への執着から離れることができる。すると心は、簡単に静止するようになる。その時、あなたは真の性質に気づく。

この節はもう一つ、とても重要な学びを教えている。

波は水から生じ、水で満ちている。波は、水以外の何ものでもない。炎は火から生じ、火で満ちている。炎は、火でしかない。同様に、私たち（と宇宙のすべて）は**神**から生じ、**神**で満ちている。私たちは、**神**以外の何ものでもない。**神**は、何にも縛られていない愛であり、喜びである。**神**は無限の愛と喜びである。私たちは**神**に満ちており、**神**以外の何でもないので、私たちは限りない愛と喜びでもある。ここでもし、波に水はどこにあるかと尋ねたら、波は自分の外を見るだろうか？　それは滑稽なことだ。波は水で満ちており、水そのものでしかない。波はただ自らの内を見れば、豊富な水がそこに見つかるだろう。人間も同じである。人間は、限りない愛と喜びでしかない。なのに、私たち自身の中ではなく外に喜びを見出そうとするのは滑稽ではないか？　私たちは自らの内を見さえすれば、豊富な喜び、愛、幸せがそこに見つかる。私たちの外に見つかる喜びや幸せは、内に見出す喜びと比べると無に等しい。『ブリハッド・アーラニヤカ・ウパニシャッド』は、私たちが内に見出せる喜びは、外界で味わえる喜びの一兆倍であると伝えている。

外の世界は、間違いなく重要である。外の世界がなければ、私たちは内なる喜びを経験することができない。もし内の喜びだけを経験しているなら、しばらくすると経験は空虚（emptiness）に、無になる。私たちには対比として文脈的な、相対的領域が必要なのだ。それにあたるのが、この世だ。あなたは、反対の経験をせずにただ一つだけの経験を続けることはできない。完全な喜びは、それに満たない経験をしなければ、完全な喜びがどんなものであるかはわからない。喜び以下のものを知らなければ、完全な喜びを経験することはできないのだ。この世は、ありとあらゆる経験をするためにある。そうして対比できる経験をすることにより、内なる喜びを経験できる。だが、狙いは、あなたの内の真の性質の恍惚と喜びを見出すことである。それらを外の世界に見つけることはできない。

この節には三つの学びと実践がある。第一に、私たちは神であり、他のすべてのものが神であると信じること。私たちは神に他ならない。私たちはエゴでも、身体でもない。波の本質は水であり、波という形ではないのと同じように、私たちの本質は神であり、この物質的な身体ではない。この信念は現実化する。あなたがエゴや身体を自分自身と捉えなくなった時、あなたのエゴは溶け始める。エゴが消えたら、あなたは真の性質を認識するだろう。第二に、あなたは神の一部であると理解すると、あなたは永遠に生きるのだということがわかる。するとこの世への執着から離れやすくなり、神に向かって動く。第三は、喜びを外ではなく、内に見出すことである。

本経典は、十分にそのテクニックを伝えている。あなたの内に喜びを求めることで、あなたの進化は大跳躍を遂げる。もう、外界はあなたに影響しなくなる。外界から喜びが得られるとは考えなくなるからだ。そうではなく、あなたは内にその源を見つける。あなたが喜びや愛や幸せの源なのだ。

この節にはもう一つ、とても重要な学びがある。それは、存在するのは神のみであることだ。神の他に、現実はない。宇宙の形あるものはすべて神から生じ、神で満ちている。これが非二元性の原理の核心である。この点については、後出の節で直接触れている。

111

身体を素早く、くるくる回転させなさい。地面に倒れるまで回りなさい。エネルギーの動きが終わる時、至高の状態が生まれる。

身体をくるくると回転させると、目眩《めまい》がする。もう回れなくなり、地面に倒れ込むまで回転し続けること。目眩がして疲れ切った状態で横になっていると、考えることはできない。あなたの心は自動的に静寂になる。この瞬間が重要である。それは、永劫への扉の鍵が解かれた瞬間である。その扉を開くには、気づいていなければならない。これは黄金の瞬間だ。その時、あなたの神聖な性質を見ることができる。そのためには、気づきを維持していなければならない。気づきが、あなたを最高の状態に連れていくのだ。もし気づいていなければ、この瞬間は過ぎ去る。そして間もなく、あなたの心は思考を始めていることだろう。

112

エネルギー、あるいは知識が欠如している時、心は溶け、人はエネルギーの中に吸収されている。最終的にエネルギーが静まり、神が現れる。

人生において、心が自動的に静止する瞬間が何度かある。これはとても稀にしか起こらず、その瞬間をとらえなければならない。このような瞬間は、あっという間に私たちを最高の状態に連れて行く。こういった瞬間をとらえるには、気づいていなければならない。心が静止し、気づいていると、人はすぐに解放される。

初めの例は、エネルギーが欠如している時に起こる。とても疲れ切っている時、心は静寂に陥る。これは、思考はエネルギーを要するからだ。あまりにも疲れていると、考えるエネルギーすらなくなっている。そのような時、人はただ横たわり、体力の回復を待つ。これが、その貴重な瞬間である。心はひとりでに静寂に落ちる。このような瞬間を利用するためには、その瞬間が生じた時に気づかねばならない。すると、迅速に神に至る。もし気づきがなければ、その瞬間は過ぎ去ってしまう。身体の力は回復し、心は再び思考し始める。

心は、知識が欠如している時も静寂になる。驚いて啞然としている時、ショックを受けた時、信じられない状態にある時に、人はそうなる。生命の危険に晒された時かもしれない。誰かに銃を突きつけられるなどだ。生命が脅かされる経験をした人は、その瞬間に時間がスローダウンしたと語っている。時間が止まったような感覚になるのだ。確かに生命の危険に遭うと、霊的解放のことなどはまず考えないだろう。だが、そのような瞬間に大いなる可能性が現れる。もし「その間に」気づいていれば、すぐに解放されるであろう。

知識の欠如は、生命が危険に脅かされている時以外にも起こり得る。ある出来事を目撃している時にも、そのような瞬間がある。車の事故や、信じられないような驚かされる出来事を目撃する時かもしれない。それはネガティブな出来事とは限らない。喜びに溢れるようなことでも起き得る。スポーツのイベントを観ていて、信じられないことが起きた時かもしれない。ある選手が何かをやり遂げて、そのスポーツ・イベントをまったく違う方向へ転換させた時などだ。また、誰かがあなたに何かを頼んできた時に知識が消えることがある。あなたはそのお願いに、唖然とする。人がそんなことを頼んでくることが、あなたには信じられない。あなたは驚きのあまり、静寂に陥る。

このような例はいくつか挙げられるだろう。このような瞬間は、毎日はやって来ない。稀である。抜かりなく気を配り、気づくことができれば、その瞬間を利用して神に至ることができる。

心は溶け、人はエネルギーの中に吸収されている。最終的にエネルギーが静まり、神が現れる。これはクンダリーニの上昇のことである。心が静寂に落ち、気づいていれば、心は永遠に溶ける。クンダリーニが脊椎の中心を上る。頭頂に達すると、その人は解放される。すると、神が現れる。

113

おお女神よ、私が神秘の伝統を説明する時、よく聴きなさい。瞬きをせずに目を固定していると、たちまち至高との一体化が起こるであろう。

瞬きをせずに両目を固定し続ける実践は、バイラヴィ・ムドラと呼ばれている。これがタントラの秘儀テクニックとされていたのは、とても強力で、短時間で結果が出るからだ。

バイラヴィ・ムドラを実践するには瞬きをせず目を固定し、注意を自分自身の内に向ける。つまり、瞬きをせずに目を固定させると同時に自分に気づいていなければいけない。目の動きは思考プロセスと繋がっている。これは、古代インドの神秘家たちが発見したことだ。目を動かさなければ、あなたの思考は止まる。心は存続のために思考を必要とする。思考がなければ、心は崩壊して消える。そうしてようやく、あなたは心を制御できる。このプロセスはすぐに起こるかもしれない。身体が存続するためには、酸素を要する。酸素がなくなると、人は数分で死ぬ。身体にとっての酸素のように、思考は心になくてはならないものだ。思考がなくなると、心は数分で静寂に落ちる。

この実践を始めると両目がすぐに疲れるかもしれない。目を閉じたくなるかもしれない。そうなったら瞬きをするか、少しの間目を閉じるとよい。そしてまた目を開き、実践を続けること。

114

両耳を閉じ、直腸の穴を締めなさい。そして母音や子音のない音で瞑想すると、神に永遠に入る。

母音や子音のない音とは、静寂の音である。静寂は音の反対である。いかなる音も無いということ。静寂は私たちの真の性質である。静寂の中で、私たちは神を見出す。静寂の中では、心は静止する。静寂の中ではエゴは不在である。静寂で瞑想するとは、私たちの真の性質で瞑想することである。したがって、これは私たちの真の性質に直結する方法である。

直腸の穴を締める実践を、アシュウィニ・ムドラと呼ぶ。これはエネルギーが逃げないようにし、霊的な目的のために上昇させる時に使われる。このムドラを実践する時は、身体の他の部分はどこも緊張しないよう配慮せねばならない。アシュウィニ・ムドラを行う時に、無意識にウエストや脚を緊張させる人がいる。そうならないように気をつけること。アシュウィニ・ムドラが難しいと感じるなら、この実践は除外することだ。この瞑想は、アシュウィニ・ムドラを行わずに実践することもできる。それが38節である。

この瞑想を行う際は、楽に座って目を閉じる。次に、耳を閉じる。どの指を使ってもいいので、耳たぶを前に倒して穴を塞ぐ。このポジションを実践中は続けること。次に、アシュウィニ・ムドラを行なって直腸の穴を締める。瞑想中はこのムドラを実践し続けること。そして、内の静寂にフォーカスする。両耳を閉じるので、外界の音はすべて遮断される。そうして、内なる静寂に集中するのだ。時折り、雑念が静寂を乱すかもしれない。思考が生じたら、無視すること。そして再度、静寂にフォーカスすること。

静寂に集中すると、心は静かになる。これは自然現象である。静寂は私たちの真の性質なので、私たちは静寂に惹きつけられる。また、静寂の中では私たちは深い平安を感じる。私たちはこの感覚を切望するようになる。思考はなく、あるのは静寂と平安のみだ。しばらくすると瞑想に熱心になり、瞑想が待ち遠しくなる。すべての外的な音は遮断され、内的な音は静寂にフォーカスすることによって止まる。すると、素晴らしい平安の感覚が起きる。この平安は喜びに変わり、ついにはその喜びが至福になる。**神**との結合の至福である。

平安は、静寂と共におのずと生じる。それは必然なのだ。私たちを乱すのは音だ。私たちを落ち着かせる音、私たちを**神**に至らせる音もある。それらの中で最高な音の一つが静寂の音である。

115

深い井戸などの側に立ち、瞬きをせずに深い空洞の空間を見つめなさい。すると心が思考から完全に解放される。そして心は瞬時に溶ける。

この瞑想は、本書の前半で伝えられたいくつかの瞑想に似ている。この瞑想は、三つの作用を使う。まず、瞬きせずに見ることで、すべての思考が止まる。目の動きを止めることで、思考の流れを止める。二つ目は、深い井戸を見ると、見えるのは闇だけである。ほかに見える物体は何もない。心は、思考の対象となる物体を必要とする。考えるものが何もないと、心はおのずと静寂に落ちる。

三つ目の重要な要素は、私たちのエゴは自らを区別するために、何か他のものを必要とするということだ。私たちは他のものを見ることで自分の感覚、分離の感覚を得る。自分は、それらとは違うものとして捉えるのだ。だが、他に見るものがなければどうなるだろう？　エゴを維持するものがないので、エゴは崩壊する。心は存続するために思考を必要としているように、エゴが存続するためには他の形、ものを必要としている。他に形あるもの、物体が何もなければ、エゴは終わる。その時、人の真の性質が現れる。

深い井戸などの側に立ち、瞬きをせずに深い空洞の空間を見つめなさい。深い、暗い穴であればどんなものでもよい。井戸でもいいし、他の穴でもよい。重要なのは他に何も見えない、深くて暗いことである。闇しかないところだ。これを実践する時は顔を井戸の端に置き、井戸だけが見える姿勢になること。視界の隅まで、何も見えてはいけない。

すると心が思考から完全に解放される。そして心は瞬時に溶ける。少しの間だけでも心から思考が解放され続けると、心は永遠に静寂に落ちる。

116

心が外であれ内であれ、どこに向かっても、至るところにシヴァの形がある。神は遍在しているのだから、心はどこに行くというのだろう?

非二元性は、存在するのは神のみという原理である。あなたが感覚を通して触れるものはすべて神に満ちており、神の一部である。この真実を深く理解すると、あなたの人生は変わる。それがこの節の目的である。あなたの視点を変えるのだ。

神しか存在していないと理解すると、あなたのほとんどの欲求は褪《う》せて消える。以前は人々、出来事、物質を特別なものとそれほど特別でないものに分類化していた。ある人々はあなたにとって他の人より特別であるとし、ある出来事や記憶を他のものより愛し、一定の物質は他のものより貴重なものだと捉えていた。身近な家族や親友は、知らない人々よりも特別な存在であると。宝石や高価な車などは、金銭的価値の低いものよりも価値があると捉えていた。

すべてが神であると理解すると、すべてのもの、すべての人が同等の価値を持つようになる。すべての人が特別である。他の人よりも特別な人も、特別ではない人もいない。すべての物体、すべての形あるものは、神のエネルギーが異なる形や大きさとなったものである。神のエネルギーが、それ自体より特別であるなどあり得ない。これを理解すると、あるものを他のものよりいいとは思わなくなる。つまるところ、すべては同じものだ。同じものどうしの中で、何かだけをよりいいと選ぶことはできない。

心が外であれ内であれ、どこに向かっても、至るところにシヴァの形がある。心が思考するものは、内にあるものであれ外にあるものであれ、どんな形、人、物質であれ、神が形となったものに過ぎない。

神は遍在しているのだから、心はどこに行くというのだろう？　神しか存在しないとわかっていれば、考えるものなどあるだろうか？　心はおのずと静寂に落ちる。あらゆる人々や物体のことを考える時、私たちはそれらを別々に存在するものとして捉えなければ思考できない。だから私たちは考えてばかりいるのだ。私たちは、物体や人々は互いに分離した、個々にアイデンティティを持ったものとして見ている。私たちが見ているものは幻想であり、すべては神が形となったものにすぎないことに気づくと、私たちの視点は変わる。もう形ではなく、実体を見ている。分離した存在ではなく、一つの全体性を見ている。考えるためには、心は異なる客体を必要とする。だが一つだけを見る時、心はどうして思考などできるだろうか？　二つでも存在すれば、思考は可能だ。それらを比較することができる。だが、ここではそれは不可能だ。何も思考するものがない。心はどこに行けるというのか？　節が問いかける通りである。

この瞑想を行うには、存在しているのは神のみであることを理解し、信じなければいけない。私たちはすべて、この一つの一部として振る舞わなければならない。一つしか存在しない、神しか存在しないと真に信じるとあなたの全認識は変わり、心はおのずと静寂に落ちる。

117

どの感覚器官であれ、その感覚を通して気づきが高まっている時はその気づきの状態にいなさい。すると心は溶け、至高の自己で満たされるだろう。

生きていると、外的環境に反応して気づきが高まることがある。これは、どの感覚器官でも起き得る。大好きな音楽が聞こえてくると突然、気づきが高まる。何か美しいものを見ると、気づきが上昇する。それは美しい風景、美しい人、あるいは何かの物体に惹きつけられた時かもしれない。すると、その次に私たちの気づきが高まるのだ。私たちは思考を止め、気づいた状態になる。この節は、気づきの高まりのレベルを維持しなさいといっている。外的環境に反応して、高い気づきを経験することができるのだ。いったん経験すると、それを維持することができる。私たちは時折り、気づきを失う。だが、気づきを取り戻してもっと高い、更に高い気づきに移行することは可能である。これが気づきの素晴らしいところだ。永遠に失うことは決してない。それが私たちの本質なのだ。シンプルに気づこうと決めると、再び気づきに戻ることができるのである。

すると心は溶け、至高の自己で満たされるだろう。人は「魂は簡単に救われるものではなく、何度かの転生をかけて努力しなければならない」と誤って考えることがある。すべての信念が実現するように、この信念も自己実現する。実際には、いついかなる時も私たちの救済は直ぐそこにある。この聖典は心を維持する思考がなくなれば心は溶けると何度も強調している。心が少しの間、思考をなくしさえすれば、心は永遠に消えるのだ。したがって人はほんの少しで救済される。救済は瞬時にも起こり得る。『ヴィギャン・バイラヴァ』と『アシュターヴァクラ・ギーター』は、この点を強調している。本人がどれほど自由を欲しているかによって、それは決まる。その欲求が強いほど、解放は早く起こる。

118

くしゃみの始まりと終わり、危険や悲しみや嘆き泣いている時、戦場から逃走している時、好奇心にとらわれている時、空腹の始まりと終わり。これらの状態は、神の状態に満ちている。

これらの状態の何がそこまで特別なのか？　くしゃみの始まりと終わり。危険や悲しみの只中。空腹の始まりと終わり。これらが神の状態に満ちているとはどういうことだろう？　これらの状態が特別なのは、心がおのずと静寂になるからだ。ここに挙げられた状態にいる時、心は静かである。危険、悲しみ、逃走の間は、ショックによる静寂。ほかは、身体の自然現象による。くしゃみが始まる時、終わる時もそうだ。その時、心が思考していないことがわかるだろう。空腹でも似たことが起こる。空腹を感じ始めたその時、思考はない。空腹が生じた、その初めの瞬間だ。空腹が終わる時も同様である。お腹が空き、食べ物をひと口食べる。あなたは喜び、充実感を感じ、空腹感がなくなり始める、その瞬間だ。

そのような瞬間、心は静寂になる。その瞬間に乗じるためには、それが起きた時に気づいていなければならない。この節には、この大切な言葉は書かれていない。その瞬間が生じた時、気づいていなければならない。このような瞬間のあいだに、神への道が見える。心が静寂に落ち、永遠への扉が開いているのだ。だが、この瞬間が来てもあなたが気づいていなければ、黄金のチャンスを逃してしまうだろう。このような瞬間は過ぎ去り、心はまた働き始める。すると人は普通の状態に戻る。

心が静寂に落ちると、私たちは自らの神の性質の洞察を得る。この洞察を受け取り、私たちの本質に気づくためには気づきが必要である。気づきは常に、救済への鍵である。気づいている時、心は静寂である。だが外的ショックが起きて心がおのずと静寂に落ち、その時に私たちが気づいていれば、永遠に気づきの状態にい続ける可能性は大きい。

119

身体についての不安を手放し、場所、物体、出来事の光景を思い出しなさい。心を維持させるものはなくなり、神性が勢いよく溢れ出す。

この節について理解すべき重要点は、これによって私たちは目撃者になることである。記憶を使って、目撃者になるのだ。私たちが目撃者である時、私たちは思考せず、ただ観察している。目撃者である時、私たちはもうエゴや身体を自分と特定してはいない。魂となっている。私たちの魂が目撃者である。この気づきの状態にある時、人は常に目撃者である。私たちは通常、今の瞬間に気づいている。この節では、記憶を使って過去の場所や出来事に気づくのである。

原理は同じである。気づいている、目撃者である。この節の違いは、過去に気づいていることだ。

この瞑想は楽に座り、目を閉じて行う。次に、過去の場所や出来事を思い出す。楽しいことを思い出すこと。あなたが好きな記憶を使うのである。子供の頃のことを選んでもよい。これは二通りの実践方法がある。目を通して、過去の経験を思い出してもよい。その場合、あなたのその時の視点からその出来事を再体験することになる。あるいは、外部者として眺めてもよい。その場合、あなたは第三者であり、あなた自身やそこに関わる他のすべての人々を観察している。どちらでも、あなたがやり易い方法を選ぶとよい。これは、あなたが過去の出来事を思い出す時のみ該当する。どこかの場所を思い出す場合は、昔あなたが見たままに思い出すことになる。一つ目の方法である。

これを実践する場合は、起きたことを隅々まで詳細に思い出すように努めること。もし子供の頃の出来事を思い出すなら、すべての瞬間を再体験すること。周りにワクワクしている人々がいるなら、そのワクワクした雰囲気まで捉え、感じてください。その時の細かなことまで、最大限に追体験すること。場所を思い出すなら、特に好きな場所を選び、事細かに見てください。山があるなら、その山の壮大さや新鮮な空気まで捉えること。

心を維持させるものはなくなり、神性が勢いよく溢れ出す。あなたが目撃者となって過去を観察し、思い出している時、あなたはもう思考していない。思考がないので心を維持するものは無くなり、心は消える。その後、人は**神性**を経験する。

過去、特に大好きな思い出を思い出すと元気が出る。現在に戻ってきても、幸福感が伴っている。人は、現在の生活が嫌で、そこから逃げるために過去ばかり思い出すことがある。何らかのハンデに苦しんでいたり、経済的苦境にあっているかもしれない。この瞑想を行うと、気づきは高まる。この高まった気づきを、現在の生活で活用するのだ。気づきが高まっていると、喜びや幸福感も高まる。すると、新しい真実――あなたが必要な喜びや愛はすべて、あなたの中にあっていつでも味わえるという素晴らしい、新たな真実に目覚める。すると、外的状況は変わらなくともあなたは変わっている。あなたは新しい喜び、幸福感、自由の感覚をもって人生を生きるだろう。外界はもうあなたを支配しなくなる。また、あなたは救済や自由の真の意味も理解するだろう。自由になるとは自立すること、自分の喜びや幸福を外界に依存せず自立することである、と。

120

何か物体を見つめた後、ゆっくりとその視野から退き、それに対する思考と知識から離れていく。おお女神よ、その時、空《くう》の中にいるだろう。

この実践は、物体を介して空《くう》に入る。まず、一つの物体を見つめる。そして、その物体の視野から退いていく。ゆっくりと目を閉じるのだ。次に、その物体に関するすべての思考と感覚をゆっくりと止める。そうすると、あるのはシューニャ（shunya）、空《くう》である。無しかない。人は静寂で静止している。

すぐに静止するのは難しく、できないと感じる人がいる。この実践はそのような人を、ゆっくりと穏やかな方法で静止状態に導く。一歩ずつ、空《くう》に入っていくのだ。あなたが好きな物、あるいは注意を惹きつける何かを選ぶ。先ず、その対象物を少しの時間、眺める。次に、ゆっくりと目を閉じ、見えていた世界から自分の内へ引っ込む。目を閉じた後も、その対象物に関する思考や感覚はまだ残っているかもしれない。その対象物についてのすべての思考や感覚を穏やかに止める。すると、そこには静寂、静止しかない。この静寂や静止に気づき続けること。静寂に深く入るまで、このプロセスを数回、繰り返してもよい。

私たちは、心からすべての思考、雑念をなくさなければならない。一つの物体を見ている時、あなたは一つの物だけにフォーカスしている。いくつかの物について考えているのではなく、一つの物だけを考えている。これは即時の進歩である。いくつものものごとを考えるのではなく、一つの物だけに関心を向けている。次のステップは、すべての思考を止めることだ。つまり、プロセスとしては複数のものを思考することから一つの物だけの思考へ、そして無の思考へ移行する。人によっては、複数のことを考えているところからいきなり思考を無にするよりも、このやり方の方が楽にできるかもしれない。この瞑想は、まず私たちの全思考と注意を一つの対象物に向け、次に無の思考に移る。

121

豊かな献身ととらわれない性質から、神聖なエネルギーの理解が生まれる。それであり続けなさい。すると、シヴァになる。

献身の道は、非常に崇高な道である。その道は、大半の宗教に見つかる。この節の献身とは、シンプルに愛を意味する。それは特定の**神**への愛や献身ではない。カシミール・シヴァ派は、非二元の原理である。**神**は、私たちから分離して特定の場所にいる特定の人物ではない。**神**はすべてであり、すべての人であり、至るところにいる。在るのは**神**のみである。したがって、ここでいう愛は広義に用いられている。**神**はすべての人の中にいるのだから、人は、すべての人を愛さねばならない。

この節は、とらわれない性質も強調している。豊かな愛と、執着しない性質を持たねばならない。これは、無条件に愛さねばならないということだ。愛は、一定の状況で一定の人々だけに与えるものではない。そうではなく、人生や外界でどんな事が起きていようとも、いかなる時も惜しみなく与えねばならない。これは、執着のない性質をもってこそ、可能となる。もし客観性がなければ、あなたの愛は無条件ではなく、条件付きの愛となる。すると、あなたは楽しみをもたらしてくれる時だけ、人生というものを愛するだろう。あなたが嫌がるものをもたらす時は、人生を愛さない。真の愛は、常に無条件である。条件付きの愛は、その粗末な代用品である。愛は無限で、束縛をしない。特定の一人の人や一つの場所や一つ（あるいは複数の）出来事のみに限って愛するなら、あなたは愛の本質を逃している。鳥を鳥籠に入れると、あなたはその鳥の自由を制限している。あなたは美しい鳥籠を作るかもしれないが、飛翔する鳥を見るという壮大さを逃すのだ。同じように、愛を制限して条件的に愛すると、愛の完全な壮大さと美しさを逃すのだ。

無条件に愛するとは、どういうことだろう？　霊性主義には、その説明となる例がいくつかある。無条件に愛するとは、太陽のようなものだ。太陽はすべての人に、どんな人種、肌の色、性別、宗教、身分、国籍、人格の人にも等しく輝く。同様に、人はすべてのタイプの人を愛さねばならない。道徳的な判断を下してはいけない。社会が善人と呼ぶ人も、悪人と呼ぶ人もすべて、同等に愛さねばならない。クリシュナは『バガヴァッド・ギーター』でカースト制度の高位のバラモンも犬も、犬を食べる人も均等に愛さねばならないと伝えている（5:18）。

無条件の愛の概念として、呼吸のことが説明されている。私たちは日夜、どんな状況にいようとも自発的に呼吸し続けている。愛されていようと攻撃されていようと、非難されていようと称賛されていようと、呼吸し続ける。人生でどのような事が起きても、ずっと呼吸している。私たちは、そのように愛さねばならない。人生のいかなる瞬間においてもだ。私たちに何が起きているか、世界に何が起きているかは関係ない。いついかなる時も呼吸するように、愛さねばならない。これが無条件の愛である。どんな条件にも左右されない。無制限に与えるものだ。攻撃されても、愛を与える。愚かに思われようとも、愛を与える。人生のすべての状況に愛を返すのだ。

神のエネルギーの理解が生まれる。愛のエネルギーは**女神**である。何を理解するのか？**女神**は愛であると理解することだ。この聖典のいくつかの節で、**神**（あるいは**女神**）は喜びであるといい、また他の説では**神**は愛だという。愛と喜びは、互いに言い換えることができる。どちらも同じ意味である。人は、**女神**であり続けなければならない。愛でい続けるのだ。一日を通して、どんな時もだ。私たちは、外的な出来事へ反応をしなくてもよい。通常は、私たちは外的出来事に反応する。嫌なことが起これば、動揺したり腹を立てたりする。楽しいことが起これば、私たちは嬉しくなる。だが、私たちがどう在るかは自分でコントロールできると認識することが重要である。外界に反応しなくてもよいのだ。実は、それは私たちがそう決めるかどうかにかかっている。もし愛や平安になろうと決めれば、私たちはそうなる。望ましくないと思える出来事が起きても、だ。重要なのは、私たちの内の反応である。外的な出来事は、いつも私たちがコントロールできるわけではない。だが、そういう出来事に対する私たちの内なる反応は、いつでもコントロールできる。それがマスターというものだ。マスターとは、自分自身をマスターした者である。マスターは自分の感情をコントロールできる。マスターは人生がどのような状況になろうとも、それにどのように反応するかを決める。そして何があろうとも、その状態が崩れることはない。

あなたの人生で、楽しいとはいえない状況は起こるだろう。ゴミを外に出しに行くとか、税金申告の作業をするとか、誰かと会うとか、シンプルなことかもしれない。次にそのような状況になった時は、他のかたちで経験しようと決めることである。それを愛すると選ぶか、あるいはあなたが愛そのものとなってそれを経験すること。すると、人生の最大の秘密の一つを発見するだろう。それは、あなたの選択次第でどんな経験にもなるということだ。あなたは外界に反応しなくてもよい。愛を経験するためには、愛になることをただ選べばよい。苦痛を味わっている時でも、愛になることを選んでください。すると苦痛は消え、あなたは愛を経験するだろう。

これを示した最も偉大なマスターの一人が、イエス・キリストである。人がもっとも恐れている三つのものは、死、苦痛、富を失うことである。キリストはこのうちの二つを同時に経験した。彼は十字架に架けられて拷問され、死んだ。苦痛を味わい、死んでいった。だが、そのような時でも彼は愛でしかなかった。彼は十字架に架けられて、あの有名な言葉を言った。「神よ、彼らをお赦し下さい。彼らは、何をしているのか、自分で分からないのです」イエス・キリストは、完全な悟りを得た聖人だった。彼は数多くの奇跡を行っており、彼に起こるであろうことをいつでも止めることはできた。だが彼は人生の最期に、世界に対して非常にパワフルなメッセージを送った。最も闇の濃い時にも、愛することができるというメッセージだ。彼はこのメッセージを、自らの生と死を通して伝えた。「私に従って来なさい」と彼は言った。彼のようになる、これ以上に彼に従う方法はない。人生のいかなる時も、愛になることだ。

この瞑想を行うには、気づきが必要である。実際に、気づきがなければどんな瞑想も実践できない。あなたの、今の状態に気づいてください。それを変えて、愛に、豊かになること。一日中、自分の状態に気づき続けること。もし愛以外の状態になっていたら、それを愛に変えてください。

122

物体の中は空虚であることを理解しなさい。空虚は、すべての物体の特徴でもある。思考のない心で、その空虚について瞑想しなさい。すると、その物体を認識しても、あるいは存在があるとしても、人は穏やかになる。

空虚（emptiness）あるいは空《くう》（void）は非二元性の原理において非常に重要な概念である。空虚とは、物体に分離した自己というものはないということだ。物体の中は空虚であると理解すること。物体には分離した存在、分離した自己というものはない。だが、神に溢れている。これが理解すべき重要な概念だ。物体は分離しているように見える。分離して存在しているようにに見える。だが、それは幻想だ。分離した存在は、ない。物体に分離した自己はない。神が異なる形で現れているに過ぎない。一本の糸から、人はありとあらゆる布を編むことができる。だが、どんな形の布もすべては糸に過ぎない。同様に、すべての物体は神以外の何ものでもない。

空虚はすべての物体の特徴でもある。どんな物体にも分離した存在はなく、神で満ちている。

思考のない心で、その空虚について瞑想しなさい。一つの物体を選ぶ。目を閉じてその物体は空っぽの見せかけであると瞑想すること。内には何もない。それはすべての存在と一つである。このように瞑想を続けること。

すると、その物体が見えても、あるいは在ると思っていても、人は穏やかになる。瞑想を終わった後も、まだその物体は見えるだろう。だが、あなたは新たな理解を得ている。その物体はあなたからも、神からも、分離していないことに気づいている。あなたが神の一部であるのと同じように、その物体は神の一部である。

この実践に使えるとてもパワフルな物体は、あなた自身である。私たちの解放を遮る一番のバリアは、エゴだ。私たちのエゴが存在するか、あるいは神が存在するか、どちらかしかない。両方は共存できない。エゴが消えた時に、私たちの神が現れる。まず、私たちが空虚にならなければならないのだ。私たちのエゴは、分離した自己の感覚である。私たちは、自分には分離した存在があるという概念、エゴを空虚にしなければならない。自分自身からエゴが空挙になった時に、私たちは神で満ちていることを認識する。

123

ほぼ理解を得ていない人々が清《きよ》らかと思うものは、哲学のシャイヴァ体系では清浄でも不浄でもない。二元的思考を超越した者は、完全な幸せを得る。

ここからの数節は、非常に美しい。非二元性の哲学の核心に迫る節である。ほぼ理解を得ていない人々が清らかと思うものは、哲学のシャイヴァ体系では清浄でも不浄でもない。哲学のシャイヴァ体系とは、カシミール・シヴァ派の非二元性の哲学のことである。ヨガ、タントラ、カシミール・シヴァ派は、正統的なヒンズー教や他の宗教とはかなり異なっている。正統的ヒンズー教は、ある時期、カースト制度によって損なわれた。カースト高位のバラモンたちは、自分たちは身分の低い人々よりも清浄であると考えていた。正統的ヒンズー教のある部分では、女性は男性よりも劣っているともされた。月経のサイクルに入ると女性は不浄とされ、寺院を訪れてはいけないとされていた。この慣習は現在も続いている。

カシミール・シヴァ派はこのような慣習を嘲笑していた。カシミール・シヴァ派は、人が清浄と考えるものは**神**であり、不浄だと考えるものも**神**だという。よって、清浄なものと不浄なものなど、あり得るのか?と。非二元性では、**神**のみが存在する。この宇宙のすべてのものは、**神**である。**神**は清浄にも不浄にもなり得ない。**神**は、**神**である。バラモンは**神**の一部であり、カースト制度の一番低位の者も**神**の一部である。だから、バラモンが清浄でカーストの最も低い者が不浄など、どうしてあり得ようか?　男性は**神**であり、女性も**神**に満ちている。したがって、どうして男性が女性よりももっと清浄だったり、もっと優れた存在になれようか?　なり得ない。カシミールのマスター、アビナヴァグプタはガンジス川の水とワインの例えを用いたものだ。ヒンズー教ではガンジス川の水は清浄で神聖だと言われ、アルコールであるワインは不浄だとされていた。アビナヴァグプタは、ガンジス川の水とワインに違いはないと言った。両方に、**神**がいると。どちらかの方がより清浄ということはないのだ。

現在、この世界には清浄なもの、不浄なものとされているものがいろいろある。ある宗教に属している人は自分たちを清浄（または優れている）であり、他の宗教に属している人々を不浄と考えている。清浄と不浄の概念は非常に危険であることは、今世間でも明らかになってきている。清浄・不浄の概念から、優劣が生まれる。自分を清浄だと思っている人は、彼らの基準による不浄な人々よりも優れていると考えている。自分は優れていると思った途端、劣っているとされる人に冷酷なことをする。ナチスは、自分たちアーリア人が清浄で優れていると考えていた。そして他の人種を破壊、あるいは支配しようとした。同じことが、宗教の原理主義者たちにも起きている。彼らは自分たちの宗教が優れていると考え、他の宗教の人々を破壊したり改宗させようとしている。

二元的思考を超越した者は、完全な幸せを得る。これが、この瞑想を実践するための鍵である。分離の思考、二元性の思考を突破すること。この世界を善悪、あるいは清浄と不浄、あなたと神という視点で捉えないことである。そうではなく、一つと捉えるのだ。すべての生命、すべての存在を神の一部と見る。苦しみや不幸はほぼすべて、分離感から生じている。あなたが神と一つ、すべての生命体と一つであると感じれば感じるほど、あなたは人生で喜びを感じるようになる。たとえ誰かがあなたのものを盗んでも、あなたは苦しまなくなる。もう、その誰かを自分から分離した人とは捉えていない。誰もあなたから「とりあげる」ことはできない。なぜなら、存在するのはあなただけ、他には誰もいないからだ。あなたは、それをどうしても必要としているあなたの一部分に何かを「あげた」のだと捉えるだろう。さらに、それが何であれ、あなたが「失った」ものには実体的価値はなく、またいつでも再び創造することができるとわかっている。だから、あなた自身が分離しているとは捉えないことだ。かわりに、この世界やこの世のすべては一つの全体性の一部として捉え、経験すること。自分を分離していると捉えるから、あなたは分離し続ける。あなたは神と一体であると信じると、あなたは神と一つになる。

124

神は至るところに存在し、すべてに共通のものである。神のほかには、何もない。これを知ると、人は非二元性を得る。

この節は、非二元の哲学を要約している。神のみが存在している、ほかに存在するものは何もない。私たちが本当に知るべきことは、これがすべてだ。存在しているのは神のみで、私たちは皆、神の一部、互いの一部である。これを知り、理解した時、あなたは変わる。そしてあなたの人生が変わる。もしあなたは分離していると考えていたら、あなたの生存や日々のニーズのことで不安な思考が続く。あなたが全体と一つであることを知ると、全体（神）があなたの世話をしてくれることに気づく。また、あなたの生存は保護されていることもわかる。あなたは、決して破壊されない永遠で無限の何かの一部なのだ。

あなたは神と一つであることを知ると、あなたのエゴは溶け始める。また、人生に抵抗しなくなる。人生に身を委ね、あなたの人生にやってくるものは何であれ受け入れる。それはあなたのためにいいものだとわかっているからだ。このように人生に降伏すること、受け入れることが重要だ。人生と戦うのは、あなたのエゴである。人生は川のようなものだ。川は海へ流れる。必ずだ。ほかに選択肢はない。同じように、人生は私たちを神へ、私たちの真の状態へ導く。人生に抵抗する時、私たちは上流に向かって泳ごうとしているのだ。一生懸命にもがき、そして全く前進していないことに気づく。人生に降伏し、人生を受け入れると、私たちは神に急速に導かれていくことに気づく。目標を達成しようと頑張る代わりに、人生の方から私たちにいろいろなものを運んでくるようになるのだ。

委ねるという概念は、しばしば誤解される。諦め、自分の宿命に甘んじることと思われている。それは正確ではない。委ねるとは、人生がもたらすものはどんなものも、分類したり判断せずに受け入れることである。そうすれば、最終的な結果に執着することなく、変化を起こしていく気になれる。例えば身近な親類が病に倒れ、緊急医療が必要になったとする。ここで委ねるというのは、何もしないということではない。委ねるとは、動揺したり心配をせずに落ち着いて状況を受け入れ、親類を助けるために行動し、選択を行うということである。落ち着いて平安でいると、そして感情をコントロールできていると、関わるすべての人にとって最善の決断を行えることがわかるだろう。人生を受け入れず、外的環境に乱されるがままでいると、後になって後悔するような行動をとることがある。

委ねるとは、さらにもっと深い意味がある。**神**の意図に委ね、人生のプロセスが私たちを通して展開するままに任せるということだ。私たちは全体から決して分離してはいない。**神**から分離してはいないのだ。

したがって、全体に抵抗するよりも全体にしたがうこと、私たちの分離した意図ではなく**神**の意図に任せる方が、必ず私たちにとって最善の利をもたらす。私たちが委ねる時、私たちは**神**の手中の道具となり、**神**が命ずるがままの行動をとる。ラマナ・マハルシは、私たちは舞台上の演者のようなもので、与えられた役割を演じるのだと言っていた。委ねている時、私たちは即座に平安になり、もう「実行者」ではなくなっている。すべての恐れは消え、**神**の助けがあれば達成できないことは何もないこと、どんな障害も必ず克服できるとわかっている。人生を神に任せるならば、心配して先々まで人生を計画する必要はないことに気づく。そんなことをせずとも神に委ね、神の導くままに人生を進めばよいのだ。委ねると、私たちは人生のプロセスを深く信頼できるようになる。未来のことを考える代わりに今の瞬間に生き、人生で起きる一つひとつの瞬間にフォーカスして対応できるようになる。

すべての生命は一つであるとわかると、人を傷つけることによって自らを傷つけるようなことはしなくなる。『バガヴァッド・ギーター』でクリシュナはこれを忠告している。在るのは一つのみなのだから、あなたが他人に行うことは実は自分に行っている。あなたが人に何かを経験させたら、いずれあなたもそれを経験することになる。愛を与えれば、あなたは愛を受けとるだろう。暴力を振るえば、あなたは暴力を受けるだろう。こうして、イエス・キリストの有名な言葉「己の欲するところを人に施しなさい」の真の意味が理解できるのだ。これは、あなたが人に行うことがいずれあなたにも起きるからである。これは、カルマの法則とも呼ばれている。この法則は不可避である。あなたの国の法律は逃れられても、カルマの法則を逃れることはできないのだ。

この瞑想を実践するには、あなたは神やすべての生命と一体であると信じること。他人を、自分とは別の人としてではなく、あなたと一つであるように接すること。

この瞑想を実践するには、あなたは神やすべての生命と一体であると信じること。他人を、自分とは別の人としてではなく、あなたと一つであるように接すること。その誰かもあなたも一つであると考えると、相手との接し方は変わるのではないだろうか？　あなたはすべての人に愛と慈悲と優しさをもって接するようになるだろう。そして、あなたが愛を与えれば与えるほど、あなたもより多くの愛を受けとることがわかるだろう。

私たちは分離しているという思考が、私たちの人生に苦痛や不幸を生み出す。私たちのエゴが、私たちの分離している感覚を生む。エゴは非常に浅はかだ。エゴには実体がない。私たちは実際には、気づきと喜びの海である。エゴを捨てるとあなたは人生に左右されなくなり、人生をそのまま受け入れるようになる。あなたは、人生の成り行きを眺める目撃者となる。したがって、あなたは神と一体であると信じること。これも含め、すべての信念は現実化する。現実になると、痛みや苦しみはあなたの人生から消え、代わりに喜びが無限に増え続けるだろう。

125

神はすべてのものを完全に満たしているということは、敵も友人も同じであり、敬意を持つ相手も持てない相手も同じである。この姿勢でいると、喜びが得られる。

カシミールのマスター、アビナヴァグプタは、神はすべての人の中にいるのだから誰かを嫌うことは神を嫌うことであると弟子に教えていた。その時に、彼は『ヴィギャン・バイラヴァ』のこの節を引用していた。この知識はレベルとして非常に高度で、究極の現実を素晴らしい形で説明している。

もし路上で人間の姿をした神に出逢ったら、嬉しくならないか？　愛と尊敬をもって神に接するのではないか？　では目を開き、周りを見なさい。あなたの目に映るすべての人、すべてのものは神である。彼ら、それらを神のように扱うこと。私たちが通常、すべての人をなかなか神のように扱えないのは、人が時折り、とても神とはいえない振る舞いをするからだ。これは、彼らが真の自分を忘れているからである。私たちはヒトラーやスターリン、ポルポトなどが何の罪もない何百万人もの人を殺戮したのを見て、こんな人々が神だなんておかしい、と思う。だがこのような人々をはじめ、他にも多くの人々が自分の真のアイデンティティを失っているのだ。彼らにそれを思い出させるために一番手っ取り早いのは、私たちが本当の彼ら自身のように接することだ。彼らの過去の悪行や外見で判断してはいけない。彼らの本質を認め、愛をもって彼らに接することである。その人の本質を認識し、その本質に相応しい接し方をすると、彼らは自分自身や真の本質を認識する可能性が大いにある。タントラの素晴らしいところは、まずあなたを変えることによってあなたの行動を変えるところにある。こうして初めて、あなたの行動は恒久的に変わる。一方で、宗教はご褒美と罰を主義としてあなたの行動を変えようとする。いい人間であれば、あなたは天国に行く。そうでなければ、地獄に落ちる。恐れを使って人の行動を恒久的に変えようと仕向けるのは、最善とはいえない。タントラは、あなたの認識を変える。もしすべての人が**神**であると認識すれば、あなたは**神**に接するように彼らに接するだろう。自分は**神**だと認識するなら、あなたは**神**のように振る舞うだろう。すべての人を自分の一部（私たちは皆、**神**ともお互いとも一つである）と認識していると、他人を自分のことのように扱う。宗教は、私たちは罪を負って生まれると説く。そのような教えからは、いいことは何も生まれない。

もし私たちが自分は悪いと思っていたら、あるいは罪悪感を持つていたら、自分にも他人にも善行を行う可能性は低くなる。一方で、神は私たちを完全に満たしており、私たちは神のようなのだと知ると、私たちは神のように振る舞うようになる。

私たちが認識を変えることによって、この節は実践できる。通常は、一人ひとりを分離した存在として捉えている。したがって、私たちに対する相手の接し方を見て、相手に対する態度を決めている。私たちは友人を愛し、敵を憎む。ここでも、すべての人は神である（神はすべてを完全に満たしている）と認識すると、私たちは神に対するようにすべての人に接するだろう。相手が私たちをどのように扱おうと関係なく、すべての人に愛と尊敬を示すようになる。愛や喜びは、私たちの本質だ。愛すれば愛するほど、私たちは最高の状態に速く戻っていく。

すべては神の一部である。神が私たちを完全に満たしていることに気づくと、すべては私たちの中にあることがわかる。私たちが求める愛と幸せは、私たちの中に備わっている。すべてのどの部分が私たちの外的人生に現れるかは関係ない。

敬意であれ侮辱であれ、楽しみであれ苦痛であれ、私たちはそういった一切のことに左右されなくなる。私たちに必要なものはすべて私たちの中にあるとわかっているからだ。すると人生を余すところなく受け入れ、人生のどんな場面においても平安と喜びに満ちた状態が続く。

完全に人生を受け入れると、私たちのエゴは消え、私たちは自分の本質を認識する。

126

どんな人、どんな場所に対しても、嫌悪あるいは愛着があってはならない。この両者の真ん中にい続けることによって、嫌悪と愛着の二元性から解放される。すると、至るところに広がっている神を経験する。

どんな人や場所であれ、嫌悪感や愛着がある場合、あなたはエゴを通して生きているということだ。好き嫌いを決めるのはエゴか、あるいは私たちの身体である。私たちの真我あるいは魂は、好きも嫌いもない。私たちの真我は気づきと喜びである。気づきと喜びは、嫌いと愛着の間の真ん中にある。真我から生きている時、私たちは目撃者であり続ける。人生に起きるすべての出来事から一切の影響を受けずに、すべてを観察する。さらに、すべての人に喜びや愛をもたらす。人生のすべての場所、すべての瞬間を愛する。この喜びや愛に条件はない。いかなる時も、すべての人、すべての場所に愛や喜びを惜しみなく与えるのだ。

解放されるためには、エゴを脇に置いておかねばならない。方法としては目撃者となり、人生がもたらすものはどんなことも受け入れることだ。エゴは時折、人生に抵抗する。エゴは好きなものと、嫌いなものがある。人生を丸ごと受け入れる時、もうあなたはエゴでは生きていない。あなたの魂、真我で人生を生きている。

だからといって、人生に欲求や目標を持ってはいけないということではない。欲求を抱き、それに向かって取り組んでも構わないが、それに執着すべきではない。私たちの幸せは、欲求が満たされるか、あるいは外的な人生の状況をある特定のあり方に自分が変えられるかどうかに依存すべきではない。人生がもたらすものは何でもすべて、受け入れるべきだ。これは、クリシュナが『バガヴァッド・ギーター』で伝えた最も重要なメッセージである。彼は、結果に執着するなと言った。『マイトリー・ウパニシャッド』でも、もしこの世の何かに執着すると私たちは束縛されると伝えている。それらから自由になると、私たちは解放されている。ニール・ドナルド・ウォルシュは著書『神との友情』の中で、これを現代の状況に当てはめて説明した。神との友情には、「中毒」を「好み」になるまで高めねばならないとある。私たちはある特定の結果に溺れるのではなく、ある特定の結果を好むべきなのだ。次に、私たちの「好み」を「受容」まで高める。私たちは、人生に現れるものすべてを受け入れねばならない。

人生で起きるあらゆる出来事は、私たちに早く本質を思い出させるために起きている。どんな人生の出来事も、私たちの最も高い性質を認識させるために起きているに過ぎない。それ以外に、出来事が起きる理由はない。人との出会いも同じである。私たちが人生で出会う人は、いい人も悪い人も、私たちの進化を助けるために現れる。これがわかれば、私たちはその場で手放し、もう人生に抵抗しなくなる。すべての恐怖を手放し、代わりに人生の流れに沿い、すべては最高の善のためとわかっているので、すべての瞬間を楽しむ。このようになると、すべての出来事は有難いものとなり、すべての人は聖人になり、どんな時も喜びになる。

神はすべての人、場所、物の中にいる。したがって、すべての人、場所、物の性質は同じである。これがわかると、ある人や場所を他よりも好むなどできるだろうか？　ある人を好きになり、他の人を嫌うだろうか？　そんなことをするとすれば、私たちは二元性や幻想の世界に埋没しているということだ。私たちは見た目のままに判断すべきではない。すべての人、すべての場所に対して偏見なく、等しくあるべきだ。すべての人、場所、出来事を等しく愛するのである。こうすることによって、人は二元性を乗り越えることができる。それは、唯一の行動をし、人生のあらゆる場面で唯一の反応を示すことである。

古代インドの賢者は、これを蓮の花に例えて説明していた。蓮の花は、泥水の中で育つ。泥は醜く、蓮は美しい。醜いものから、この上なく美しいものが現れるのである。同じエネルギー（神のエネルギー）は、私たちが醜いと決めるものの中にも、美しいと決めるものの中にも存在していることを示している。これが理解できれば、私たちは物事（人や場所など）を見た目で判断しなくなる。代わりに、本質を見るようになる。見た目は異なれど、すべてのものの本質は同じで、変わることはない。この真実がわかると、あなたはいろいろな人や場所に対して同じように応じるようになる。すると、この節の伝えるように、あなたは嫌悪や愛着の二元性から解放され、至るところに行き渡っている神を経験する。

127

知識の及ばないもの、つかめないもの、非存在を超越しているもの、空《くう》なるもの、これらすべてを神と考えなさい。ついには悟りが生まれる。

この節には、神の一定の特徴が述べられている。神は知識の及ばないものである。私たちの知識は限界があり、因果に基づいている。神は、因果に基づくものではない。神が支えがなくとも存在し、存在のための原因や条件も要しない。

つかめないもの、神はつかんだり持ったりできる物体ではない。神は空気のように自由に流れ、すべてに浸透している。

非存在を超越しているもの、神は永遠である。神の存在は決して止まらない。神は永遠に存在し続ける。

空《くう》なるもの、この空《くう》とは、神は無限であり、特定の人や特定の場所だけに限られていないという意味である。私たちが「神」という言葉を使う時、神は制限があると捉えがちである。神といえばすぐに、天国に住う優れた人のことで、私たちのすべての行動を見ていると考える。そうではなく、神を愛や気づきといった資質と捉えること。愛や気づきは無限であり、特定の人に限られない。

これは座って行う瞑想として実践すること。目を閉じて、神はすべてのものであると瞑想する。神は支えなく存在し、すべてに浸透しており、永遠で無限である。神を特定の人としてではなく、こういった資質すべてを備えた何ものかとして瞑想すること。そうしているうちに、私たちがその資質を持つようになる。聖書には、私たちは神に似せて作られたとある。神を制限ある特定の人と考えるから、私たちは自分を制限ある特定の人と考えるのである。神についてのこの誤った概念を無くすと、自分たちについての誤った概念も無くなる。その時、私たちは本質を実現しているのだ。

128

無限でサポートのない、空《くう》の、すべてに浸透している静寂の外的空間に心をじっと向け続けなさい。こうすると、非空間に入る。

空間は、神と似た資質がある。空間は神のように無限で何ものにも依存せず、空《くう》で、すべてに行き渡っている静寂である。前節では、無限で支えのない、空《くう》の、すべてに行き渡っている静寂の神への瞑想だった。この節では、同じ資質を持つ空間を瞑想する。

空間の代わりに、「空気」という言葉を使ってもいい。これを、目を閉じて座って瞑想しなさい。外の空間か、空気に注意を向ける。この空間と一つになった感覚で行うこと。あなたも永遠でサポートのない、空《くう》の、すべてに行き渡っている静寂だと感じること。

この瞑想によって、自分は身体であるという自己感覚が破られる。身体は、人生を経験し本質を経験するためのツールであり、乗りものである。私たちはこの身体ではない。これは、この文献が何度も指摘している。私たちの本質は永遠で、無限で、支えなく存在している。この瞑想を実践すると、私たちは身体を自分とは捉えなくなり、本質を思い出し始める。永遠で、無限で、支えなく存在するようになる。

あなたは身体ではないと深いレベルで理解すると、すべての恐れは無くなる。そして、すべての生命は永遠であることがわかる。あなたは決して死なない。形が変わるだけなのだ。私たちは家族や国民や宗教が外からの脅威にさらされると、恐れを抱くことがある。この恐れは、私たちが永遠であると認識すると消え去る。鍋、あるいは瓶を例に挙げるとよい。鍋や瓶は壊れても、中の空気は決して壊れない。同じように私たちの身体は破壊されても、身体の中の私たちの真我は決して破壊されないのだ。

129

心がどこに行っていても、その瞬間にその思考を離れなさい。心が思考に落ち着くのを遮ることで、人は思考から解放される。

何か考えていることに気づいたら、すぐにその思考を止めて今という瞬間に戻ってくること。これが、この節の教えである。心は常に、私たちを時間の中に連れていく。私たちは必ず、過去か未来のことを考えている。今という瞬間は、時間には含まれていない。今は、永遠への入り口である。今には、心は存在できない。私たちはただ気づいている。今という瞬間は神からのギフトなのだ。今において、私たちは神に到達する。ところが、私たちは今を無視し続けている。心に、過去や未来に連れていかれるがままに過ごしているのだ。だが、神はいかなる時も私たちのために、そこにいて、今の瞬間の中で私たちを待っている。私たちが今の中にいさえすれば、神に会うことができる。だが通常、私たちは今という瞬間にいない。不在である。私たちは過去か未来に迷い込んでいる。

この瞑想はすべての人が時折り行うべき、重要な実践である。どの瞑想をしているかは重要ではない。時折り、自分が思考していることに気づく時もあるだろう。その時、この節の教えを実践せねばならない。思考を止めて、今の瞬間に、瞑想実践に戻るのだ。

心が思考に落ち着くのを遮ることで、人は思考から解放される。心は、思考を継続するという習慣がある。思考が生じていると気づいたらいつでも思考を止めることによって、この習慣を破るのだ。すると心は静寂に落ちる。これは、あなたが自分に贈ることができる最高の贈り物である。それは静寂という贈り物だ。心の静寂である。すると、人の本質である膨大な喜びが起きる。

大半の人は、お金がすべての問題の解決策であると、誤って信じている。お金があればあるほど、幸せになると思っている。お金の稼ぎ方、裕福になれる方法を伝える書籍がとてももてはやされるのは、そのためだ。実際は、私たちの幸せは外にある一切のものに左右されることはない。心をコントロールすることができれば、それだけあなたは幸せになる。思考が少ないほど、人は意識的になる。気づきが大きくなれば、それだけ豊かな喜びを経験できる。

人は、今という瞬間に生きることを恐れることがある。常に未来のことを考え続け、起きるかもしれないありとあらゆる問題に対処できるよう計画しておかなければならないと思うからだ。実際には、そのようなすべての思考は不必要である。ストレスや不安が募るのは、私たちが未来について思考するからだ。目の前に問題があると、その問題から生じ得るあらゆる暗いシナリオをイメージし始める。あるいは、未来に起きるかもしれない他の問題を心配する。そもそも、このような思考や心配が自分を不幸にしていることをわかっていない。ならば、そんなことを考える必要があろうか？　代わりに、一瞬ごとに一つずつ人生に対処し、何かが起きたらその時の状況に一つずつ対処すればよい。

私たちの心よりも遥かに偉大な知性がこの宇宙や私たちの人生を動かしている（私たちが委ねれば）ということを、私たちは時折り、忘れる。私たちは神の意志に焦点を合わせ、人生に抵抗するのではなく人生の流れに任せるよう努めねばならない。私たちが今の瞬間の中に集中して生きると、その各瞬間の中で次にとるべき行動や、何らかの行動をとるべきかどうかがわかる。人生が手伝ってくれるようになり、問題解決に向かう解決策や導きが同時に現れ、人生は進んでいくようになる。

古代ギリシャの哲学者エピクテトスは、外的な出来事そのものが私たちを妨害することはないと説いた。それらについて私たちが考えるから、不幸になるのである。思考を止めれば、私たちは平安になる。彼はまた、ものごとをありのままではなく、そうではない状態になってほしいと求めるから苦しむのだとも言った。つまり、私たちの幸せの鍵は、外的環境をコントロールして完全に満足できる人生に変える（これは不可能である）ことではなく、外的状況が気にならなくなるよう心をコントロールすることである。

私たちは問題が起きると、実は最も避けるべきことをする。それは考え、心配することだ。私たちが心配するのは、自分は**神**から分断されていると考えているからだ。私たちは**神**と一体であることを理解すると、**神**が私たちの面倒を見てくれることがわかる。オーロビンドは、これを見事に言い表した。「心配は、**神**を信じていないということだ」マスターは人生を一瞬ごとに生き、何が起ころうとも幸せである。すべての出来事は恵みであり、**神**へ繋がるための贈り物であると認識している。私たちが好ましくないと思う状況が起きても、後々にはそれは恵みだったとがわかるものだ。

だから、今という瞬間の中で全うすることだ。過去や未来は忘れること。そこに喜びはない。

あなたがいつも求めてきたすべての喜び、すべての愛は、今という瞬間の中にいれば見つかるのだ。

130

神はすべてを生じさせ、すべてのもの、すべての音に浸透している。したがって、バイラヴァ（神）という言葉を唱え続けることによって人は神になる。

神はすべてである。すべてのもの、すべての人は神から生まれており、神はすべての中に存在する、神の名を唱えることによって、私たちは万物の源に戻っていく。

この瞑想は、神を口頭であるいは心の中で唱える。この節では、神の名前の一つであるバイラヴァという言葉を用いる。神の名は、あなたにとってしっくりくるものなら何でもよいし、ただ神と言ってもよい。

マントラや神の名を唱えることには、たくさんの利点がある。もっとも大切なのは、心が思考するのを止めることである。唱えながら同時に考えることは、なかなかできない。さらに、神の名にはあるパワー、あるエネルギーが備わっている。神の名は人を直接本質に繋ぐのである。

131

「私はこうである」「これは私のものだ」などと主張しているその時に、支えなく存在しているものに心を向けなさい。この瞑想の強制的な力によって、人は平和を得る。

私たちのエゴ、あるいは神、どちらかしか存在できない。両方が存在する余地はない。一つしか存在できないのだ。私たちの神性を認識するためには、エゴを取り除かねばならない。エゴがなくなると、私たちは神で満たされていることがわかる。だが、まずは私たちを外から覆っているエゴを除去せねばならない。すると、内に潜んでいた宝物が見えるのだ。

「私はこうである」「これは私のものだ」などと主張しているその時に、支えなく存在しているものに心を向けなさい。あなたの中には二つの現実があることに気づくだろう。一つは、内でおしゃべりや思考を続けるあなたの心である。これは、あなたのエゴである。実在しない。

二つ目は、目撃者だ。あなたは、考えている自分を観察することができる。また、外界の出来事も観察することができる。この観察者は、誰だろうか？　それはあなたの魂である。あなたの中にいる**神**の一部だ。この目撃者が、**神**である。これがあなたの真我だ。ここで、ちょっとした実験をするとよい。通常は、あなたは思考に耽っている。これはエゴの自己が考えているのだ。次に、あなたが思考しているのを観察すること。どんな思考が湧いてくるか、見てください。これらの思考の目撃者になるのだ。今、あなたには二つの自己がある。一つは考えている自己（エゴ）、もう一つは目撃者（**神**）である。

あなたのエゴが自らを主張するたび、支えなく存在しているものに心を向ける、つまり心をあなたの中の目撃者に向かわせなさい、とこの節は伝えている。あなたのエゴは、「私はこれである」「私はあれである」「これは私のものだ」と言って自己主張する。これが起きるたび、目撃者に気づく、あるいは目撃者になるのだ。すると、あなたはエゴに一体化しなくなる。あなたの中の目撃者に一体化するようになる。ゆっくりとあなたの気づきは発達し、あなたのエゴは弱くなっていく。そしてあなたのエゴがすっかり消える日がくる。その時、あなたの**神性**が開くだろう。

132

「無限、遍在、支えなく自立した存在、すべてに浸透している、全宇宙の主」。これらの言葉をすべての瞬間において、目的に一致しながら瞑想することにより、その目的は得られる。

この瞑想を理解するには、まずこの節の後半を理解する必要がある。これらの言葉をすべての瞬間において、目的に一致しながら瞑想するとはどういう意味だろう？　目的とは何か？　目的とは解放されること、本質を認識することである。この聖典のすべては、それが目的だ。解放されることが目的だとしたら、その目的を達成するためにこれらの言葉をどう瞑想すればよいのか？　解放されるためには、これらの言葉をどのように瞑想すればよいのか？　そのやり方は、節の始めに「私は～である」と付け足す。つまり「私は永遠である、遍在している、支えなく自立した存在である、すべてに浸透している、全宇宙の主である」と信じるのだ。

これらの言葉「私は永遠である、遍在している、支えなく自立した存在である、すべてに浸透している、全宇宙の主である」を「すべての瞬間において」瞑想する。すべての瞬間において、というところが強調されている。一日を通してどんな時もこれを信じるのだ。そうすると、この信念はすぐに現実になる。私たちは身体が自分だと思っており、そのために分離を感じている。私たちは実際のところ、この身体ではない。**神**の一部である。私たちは**神**である。私たちはこの節が述べているように永遠で遍在し、すべてを満たしている。この永遠、遍在といった資質はすべて、**神**の資質である。そして私たちは**神**から分離していない。だから私たちにもこれらの資質がある。**神**にあるものは、私たちにもある。

私たちの感覚が信念を生み、信念が現実を生む。ここを理解すべきだ。この節や次の節や、この聖典で伝えられている他のいくつかの節で言っていることでもある。私たちは感覚器官を通して不正確な情報を得る。感覚器官は、完全な全体像を見せてくれない。感覚を通して得た不正確な情報に基づいて、私たちは誤った信念を作っている。私たちの信念は現実を作る。本書の前半で説かれている通りだ。私たちの信念が不正確だと、見える現実も不正確になる。例えばもし私たちが感覚だけに頼ると、太陽は地球の周りを公転し、地球は平坦だと思うだろう。実際、何世紀もの間、人々はそのように信じていた。やがてもっと多くの情報を受け取った。そして、私たちは信念を変えた。地球は丸く、太陽の周りを地球が公転していることを認識したのだ。同じように私たちは感覚を使い、自分の身体を見て、これが自分だと思っている。そして身体の境界線を見て、私たちは他の全生命や**神**から分離した存在なのだと思い込んでいる。

どちらの信念も不正確だ。どちらも私たちの現実を生むが、それは偽りの現実である。私たちは分離していると信じているので、分離し続ける。

このすべてを解く方法は、感覚で受け取った情報を無視することだ。そして私たちの感覚知覚とは反対の、だが根源的現実の真の姿を伝える新しい信念を採用することである。この節や、この聖典の数多くの節は、それを行なっている。永遠性への扉を開く新しい信念を与えているのだ。これらの新しい信念は現実となり、私たちを解放する。神に至るためには、私たちが感覚器官から受け取る情報を越えなければならない。これを覚えておくことが肝要だ。

133

全宇宙は、本当には実在しない。幻想、魔法のショーのようなものだ。「幻想のどこが実在なのか？」これを固く信じると、平安の中にいられる。

134

自己は不変である。その知識や活動はどこにあるのか？　外の存在や物体は知識に依存する。したがって、この世は空《くう》である。

１３３節と１３４節は別々の瞑想ではない。一つの瞑想である。宇宙は実在ではない、幻想である。私たちが見ているものは幻想なのだ。この点はこの聖典ですでに指摘されており、これを理解することが重要である。

あなたの感覚が示すすべてのことを信じてはいけない。まずは、それを理解することだ。私たちは感覚を通して受け取る情報を信じるから、この世に執着する。人生のすべての出来事から影響を受ける。その出来事を私たちは判断し、肯定的に反応したり否定的に反応したりする。

この節は、私たちの信念を変えなさいと説いている。この世が実在だと信じないこと。この世は実体がない、幻想だと信じるのである。これを揺るぎなく信じると、私たちはこの節がいうように即座に平安になる。この世は実在ではないと信じると、この世への執着はなくなる。

外の出来事はもはや、私たちに影響しなくなる。心は静寂になる。心が思考し続けるのは、外の出来事に影響されたり動揺させられるからだ。外の世界が幻想であると信じると、心は静かになる。この世が実在ではないなら、何を考えようというのだ？　実体のないものについて考えてどうなる？　心はおのずと、静寂になる。すると、私たちは目撃者になる。人生の出来事を、映画を観るように完全に結果に左右されずに眺める。心が静寂になると、私たちは最高のあり方に至る。

この世は幻想であることに気づくと、もうあなたは欲求に溺れなくなる。欲求はそれでも続くかもしれないが、結果に執着しなくなる。特定の欲求が現実化するかどうか、気にならなくなるのだ。あなたはそうして、幸せになる、あるいは喜びをもって生きる。あなたがそう決めたからだ。もう、人生の状況への反応で幸せになったり不幸になったりしない。あなたはこれで、マスターになっている。自分をマスターし、人生のマスターとなっている。

この節を実践するには、外的な出来事に影響されていることに気づいたら、自分にこう言う。「この世は実在ではない。これは幻想である」。その場であなたは平和を感じるだろう。この瞑想実践には、勇気が必要だ。子供を亡くしたばかりの母親にもしあなたが「大丈夫ですよ、この世は実在ではないのですから」と言ったら、その母親は山ほどあなたに言い返すかもしれない。だが、実在しているものは決して死なない。この瞑想を実践するためには、これを深く理解する必要がある。これについては、多くのマスターが指摘している。あなたの親しい人々のエッセンスは、身体が死んだ後も生き続ける。すべてのエッセンスは神である。神は決して死なない。**神**のあらゆるパーツは、形をただ変えるのみである。あなたの愛する人は、決して死に絶えない。彼らは形を変えながら、いつも生きている。理解すべき二つ目のポイントは、リアルでないものは決して生き続けないことだ。幻想である。本当には存在していないのだ。これは、映画に例えられる。映画が終わると、誰も破壊されていない、誰も実際には殺されていないことがわかる。

『アシュターヴァクラ・ギーター』はこれを美しく説明している。

あなたは本質である。
あなたは神である。

身体は、自然の特性によって制限をもっている。

ここに来て、しばらく生きながらえるが、過ぎ去る。
だが自己は、来ることも過ぎ去ることもない。
よって、身体について悲しむ理由などあろうか？

もし身体が時の終わりまで続いたら、
あるいは今日にも消えたら、
何を得て、何を失うというのか？

あなたは純粋な意識なのだ。

１３４節は、この世が実在でないこと、空《くう》である特定の理由を挙げている。これは分離の瞑想ではない。外的世界は知識に基づいている。この世の知識とは、因果の法則である。原因によって結果があり、変化があり、活動がある。この世のすべては因果によって決まる。真我（神）は因果を越えている。存在するために、原因に左右されてはいない。神は観察者だ。したがって、外的世界の性質は神とは全く異なる。したがってこの世は幻想、あるいは空《くう》である。

135

束縛も解放も、私は求めない。これらの概念に怯えている人は、水面に映った太陽のように、それを心のイメージとして見ているのだ。

これは究極の理解である。この節を理解すると、あなたのすべての恐れは消える。束縛と解放は、心の概念でしかない。本当はそのようなものは存在しない。私たちは常に自由であり、常に神の一部である。私たちは、真のアイデンティティを忘れているに過ぎない。

これらの概念に怯えている人は、水面に映った太陽のように、それを心のイメージとして見ているのだ。水面に映る太陽のイメージを見ると、その時の水の状態によってイメージは明晰であったり歪んだりする。水が静止していれば、太陽のイメージがはっきりと見える。波紋があると、歪んでいるように見える。泥水だったら全く見えないかもしれない。水面に映る太陽を見て太陽について意見するならば、太陽は変わるもの、歪んだり壊れたりするものと考えるだろう。事実はというと、太陽は決して歪んだり壊れたりしない。眩しく輝き続けている。太陽は壊れるものと考えるのは、水を通して見るからだ。太陽を何か（水）を仲介して見ると、太陽のイメージは不正確なものとなる。同じように、私たちは心（仲介）を通して自分を見る時、自分を不正確なイメージで見ているのだ。私たちは分離しているというアイデンティティ、エゴを、心は与える。だから、私たちはこのエゴの自分は束縛されたり自由になったりするものと考える。実際には、エゴは存在しない。エゴは影のようなもので、実体はない。私たちは分離などしておらず、常に**神**の一部である。私たちは決して束縛されず、解放もされない。私たちは真のアイデンティティをただ忘れているだけだ。真我を思い出すには、心を傍に置かなければならない。本物の太陽を見たければ、水面に映るイメージを見るのをやめ、視線を上げて太陽を直接見るのだ。同じように、私たちは心（エゴ）を傍に置く必要がある。すると、私たちの真の性質が直接に「見える」だろう。

非二元において、在るのは**神**のみで、他には何もない。いついかなる時も**神**以外は何も存在しない。何が束縛されたり解放されたりするのか？　**神**か？　違う。それは不可能だ。**神**は永劫に自由だ。私たちは自分はエゴだと思い、このエゴは束縛されたり解放されたりするものだと考えている。実際には、私たちのエゴや心と身体という複合体に実体はない。私たちは常に**神**の一部だ。したがって、私たちは束縛も解放もない。いつでも自由である。

インドの哲学体系の中には、カルマの法則を極端に捉えているものがある。私たちの行動はすべて、私たちを束縛するという。それによって負債が積み重なり、来世で償わなければいけないという。結果に執着することなく行動する時、私たちははじめて行動に束縛されなくなる。こういった哲学では、過去の負債を何とか「返済する」ことに生涯を費やし、また、新たなカルマの蓄積を何とかして防ぎながら生きる。この節と非二元の哲学は、それはすべて誤りだという。どんな負債やカルマも、前の人生から次の人生へと持ち越されることはない。私たちのどの自己、どの存在が負債を積み重ねるというのか？　私たちには二つの自己しかない。エゴ、そして魂である。私たちの魂とは、私たちの内にある神の一部である。それは私たちの中にいる、人生のすべての出来事を観察している目撃者だ。私たちのエゴに実体はなく、いかなる場合も身体が死ぬと生き残ることはない。私たちの真の自己は魂あるいは神で、魂は常に自由である。私たちの身体が行ういかなる行動にも束縛されたり影響を受けることはない。

この節は、あなたは自由であると信じることが実践である。あなたが信じるものに、あなたは成る。あなたは常に自由であると信じ理解していれば、あなたは自由になる。また、この節は私たちがすべきことは何もなく、私たちは永遠に自由であることを示している。これを理解すると、あなたは今の瞬間を完全に受け入れられる。未来のことを考えなくなり、心は静寂になる。あなたは今、ここで完璧であり自由であることがわかっていれば、もう未来について考えることはなくなるのだ。あなたの今の人生の状況は完璧なのだ。どこかに「行く」必要も、何かに「到達する」必要も、何かを成し遂げる必要もない。あなたはもうどこであれ、行きたかったところにいる。そうするとあなたは一瞬ごとを今の中で完全に生き、何が人生に起きてもすべては神に至らせるのだから、それを受け入れている。

皮肉なのは、これまで解放のためにたくさんのメソッドや瞑想を受け取ってきたが、この節で何もしなくてよいと伝えられていることだ。瞑想実践の大半は、何かすべきことがあった。私たちは進化のある特定段階に達し、解放という場所に「到達」せねばならない、と。この節は、その論理を逆転させている。私たちは何もしなくてもよい、私たちはすでに行きたかったところにいる。つまり、私たちは今この瞬間、自由であると伝えている。この真実を理解するとあなたは過去も未来もすべて忘れ、今の瞬間を生きる。

１３５節は、とてもシンプルかつ簡単に解放される方法を伝えている。その真実を理解できれば、数分で解放されるかもしれない。だが、これがうまくいかない場合は、何かを「する」

必要があるだろう。他の瞑想を実践するか、あるいは神に至る他の道を選ばねばならないだろう。『アシュターヴァクラ・ギーター』は、この節のメッセージを美しく表現している。身体と身体に対する恐れは、誤りだという。天国と地獄、自由と束縛、いずれも心が作り出したものだ。そしてこう続く。

存在の海の中には、
ただ一つしかない。

これまでも、これからも、
一つのみが存在する。
あなたはすでに、満たされている。
どうして束縛されたり自由になることができようか？

どこに行くにしても、
喜んでいなさい。

136

快楽、苦痛などはすべて、感覚器官を通して接触する。したがって感覚から自らを切り離し、内を向き、自身の中にとどまりなさい。

この素晴らしい節は、この聖典の重要な教えの一つを要約している。私たちは、感覚器官を介して快楽や苦痛、その他の身体的感覚を経験する。私たちの感情も、感覚器官を通して受け取る情報の影響を受ける。私たちは常に、外的環境に「反応し」続けている。ある出来事は私たちを喜ばせ、またある出来事は私たちを悲しませる。神に至るには、あるいは私たちの真の性質を認識するには、外的な出来事から影響されないようにならなければならない。つまり、私たちは感情をコントロールしなければならない。その時こそ、私たちはマスターになる。自分をマスターするのだ。どうすればそれができるか？　答えは、この説の後半にある。

したがって感覚から自らを切り離しなさい。私たちが常に外的環境に反応するのは、感覚器官を通して情報を受け取るからだ。反応を止めるために、感覚から離れること。つまり、感覚から受け取る情報はどんなものも完全に無視することである。もし情報を無視すれば、それに反応しなくなる。

内を向き、自身の中にとどまりなさい。この部分がこの節の重要なところだ。これはヨガの教えの本質の要約である。あなたの注意を、内に向け直すこと。あなたの注意の大半を振り返らせ、あなた自身に向ける。これがマスターキーであり、ヨガと瞑想から学ぶ最も重要なことの一つである。また、こうすると感覚からも離れやすくなる。全注意を外に向けていると、あなたは外界あるいは感覚を通してやってくる情報に影響されやすくなる。注意の大部分を内に向けていれば、感覚からより簡単に離れることができる。するとあなたの注意は一部しか外に向かっていないので、外の出来事に影響されにくくなる。

注意を内に向け直すのは、他にも重要な理由がある。豊かな喜びは、内にしか見出すことはできない。私たちが求め続けてきたすべての喜び、愛、平安、幸せは、私たちの内にある。この点は15節以降、何度も繰り返されている。私たちは幸せを常に外に求める。だから、時に苦しむ。私たちにとって好ましくない出来事が外側で起きると、私たちは不幸になる。だが私たちは内に、いかなる時も喜びや愛の源を持っている。この内なる源は、外的出来事に依存しない。いつも常に、そこにある。それを経験するには、注意をそこに向ける必要がある。この節がいうように、自身の中にとどまらなければならない。

自身の中にとどまるとはつまり、自分に常に気づき続けていなければならないということだ。ただ自分自身に気づいていてもよいし、自分の呼吸に気づいていてもよい。ラマナ・マハルシは、自身はの気づきを重要視していた。彼は「もし注意を自分自身の内に向けていれば、恵みを経験する。もし外に向けていると、苦しみを経験する」と言った。彼は、この実践方法の素晴らしい例を挙げている。もし牛が牛房（訳注：柵で囲った牛を収容するスペース）の外で彷徨っていたら、飼い主は飼料や草を与えて中にとどまらせようとするだろう。始めのうちは、牛は抵抗して牛房の外を彷徨い続けるかもしれない。だがやがて徐々に牛は牛房にいるのが楽しくなってゆき、いずれは中で満足し、外に出そうとしても拒否するようになる。心も同じような仕組みになっている。始めの頃は、注意を内にフォーカスしても心は外を彷徨うことだろう。そうなったら、あなたは気づきを自分自身に、内に向け直し続ける必要がある。徐々に、あなたは内で味わう安らかさを楽しみ始める。ついには、内なる幸せを味わう時がくる。すると、心はもう外を彷徨わなくなっているだろう。

また、真の自己の喜びの中で生きることで自身の中にとどまることもできる。これを実践するには、常に幸せで「いる」こと、喜んで「いる」ことだ。そして、あなたが経験したいる喜びや幸せに気づき続けるのである。このようにすると、あなたの中心は自己の中に落ち着く。自己は幸せで、その状態にフォーカスしている。こうすると外的出来事はもうあなたを乱さなくなり、心は静寂に落ちる。

自分自身、自分の呼吸、あるいは自分の状態に気づき続けていると、心は静まってゆく。その場で平安を感じる。心が完全に静寂になると爆発するような喜びを感じ、あなたの真の性質が現れる。その時、あなたは幸せや喜びにあふれるために、外のものは何も必要なかったのだと完全に理解するだろう。あなたが外に探し求めていたすべての喜びの源は、あなたなのだ。

外界から、あるいは自分の感覚から離れることはとても大切だ。これは、すべての霊的伝統で強調されていることである。離れるとは、何もかも放棄することでも、特定の状況から逃避することでもない。姿勢を変えるということだ。不幸に直面しても平安でいるということ。内的反応を変えるのである。私たちは外の出来事をコントロールすることはできないが、それらに対する自分の内的反応は確実にコントロールすることができる。あなたが求めているすべての喜びや幸せの源はあなたの中にあると認識すれば、外の世界からもっと簡単に離れられるようになる。それが、この節の教えである。内に行き、内に住むこと。そこであなたは豊かな喜びを見出すだろう。

137

すべてのものは知る者によって明かされる。自己はすべてのものを通して姿を見せる。それらの性質は同一なので、知る者も知らされる者も一つと捉えなさい。

この節を理解するには、あなた自身は主体でありほかのすべては客体と考える。あなたは主体であり、知る者である。あなたはすべてのものを明かす、あるいは知覚する。あなたは自分自身は他の物体とは異なるアイデンティティがあると考え、他の物体に分離したアイデンティティを与えている。他の人々、他の物体を名前で呼ぶ。他の物体を定義し、あなたがいるから他の物体を他の物体として知る。

自己はすべてのものを通して姿を見せる。この関係性は双方向である。あなたは、他の物体があるからこそあなた自身を知る。他の物体がなければ、どうして誰か他の人を自分から分離したアイデンティティと捉えられようか？　あなたには少なくとも一つ、他の物体があるからこそ自分自身をそれに関連させて定義できる。それとは違う存在とするから、自分の定義を成立させているのだ。

それらの性質は同一なので、知る者も知らされる者も一つと捉えなさい。それらの性質は同一である。なぜなら、主体がなければ他者は存在しないからだ。主体がいるから、他者のアイデンティティが生じる。客体があるからこそ、主体のアイデンティティが成立する。他者がいなければ、主体は存在できない。別々には存在できないということは、分離は不可能である。すべては一つ、同じものなのだ。したがって、あなた自身は他のすべてのものと一つと捉えること。あなたはすべての生命と一つであると信じなさい。あなたは他の存在するすべてと分離していない。それらがなければ、あなたには意味はないからだ。生命のすべてと一つであると信じると、あなたはエゴを手放す。その時あなたは神やすべての存在と一つになる。

第3章

喜び

喜びからすべての生きものは生まれ、彼らは喜びによって生き、すべては喜びへと戻る。

——『タイッティリーヤ・ウパニシャッド』

137節で瞑想は終わる。これ以降は神と女神との質疑応答が続く。これらの質疑応答は、非二元の哲学のある側面を説明している。

138

心、知性、生命のエネルギー、制限された自己。おお親愛なる者よ、この四つのグループが消えれば、神の状態が現れる。

心、知性、生命のエネルギー、制限された自己、これらすべてがエゴを構成する。この四つのグループが消えると、私たちは最高次の状態——神の状態に到達する。これは、非二元を理解するために重要なポイントだ。神との一体は二者の一体化ではない。一つの一体化である。私たちは神から分離してはいない。常に、神と一体である。私たちの神性、神との一体性を認識するためには、エゴを排除しなければならない。私たちのエゴと神は共存できない。エゴが消えると、神が現れる。反対にエゴがある時、神は不在である。子供のシーソーのようなものだ。二人の子供がシーソーの両側に乗っていて一方が「上がる」と、もう片方は「下りる」し、その逆も然りである。私たちの中には二つの現実、エゴと神がいる。エゴは本当ではない私たち、神は真の私たちである。私たちは通常、誤って自分はエゴだと思い込んでいる。私たちのエゴを取り除くと、神の性質が現れる。

私たちの心と知性が消えても、それらは破壊されたわけではない。自分で心をコントロールできるようになったに過ぎない。私たちが心や知性をツールとして活用したい時に活用できるようになっているということだ。もう、心にコントロールされることはない。

同様に、生命エネルギーが消えても、私たちの身体が破壊されたわけではない。私たちのエネルギーは神の状態におけるエネルギーに「育つ」ということだ。

139

おお女神よ、私は１１２の瞑想を簡潔に描写した。これらを用いれば、人は心を静めることができる。これらの瞑想を知れば、人は賢明になる。

すべての瞑想は心を静止させるためのものだ。私たちのコントロールされた思考は、私たちに分離したアイデンティティを与える。私たちの頭の中で話し続ける声は、実体のない私たちのエゴを生み出す。心が静寂に落ちると、私たちのエゴは消える。すると、私たちは完全な気づきと喜びの状態に到達する。私たちの中に神の状態が現れる。

これらの瞑想を知れば、人は賢明になる。私たちの人生の主な目的は、神と一体になることだ。これらの瞑想のような、この目的を果たすために役立つ知識は真の叡智である。この知識は人を賢明にする。

140

これらの実践のうちどれか一つに熟練すれば、人は神と一体になり、自分自身の中に神が生まれるだろう。すると、いかなる取り組みも自らの言葉のみで行うことができる。呪縛や祝福を与える能力が備わるだろう。

どれか一つの瞑想に熟達しなければならない。これらの中で、他よりも優れている瞑想というものはない。あなたにとってうまくいく瞑想が、あなたにとってよりいい瞑想である。他の瞑想は他の人に向いているものかもしれない。神に至る道はたくさんあり、どれも神に通じている。一つの瞑想だけを実践すればよいとこの節は助言しているが、早く結果を出したいなら初めは二つの瞑想を行うべきだ。一つは座って行う瞑想、そして一日を通して行う瞑想をする。座って行う瞑想は、心を素早く静止できるようになる。しかし瞑想が終わった後、一日中心を野放図にするなら、瞑想の成果の大半は失われるだろう。そうではなく、一日を通して気づきを保つよう努めることだ。すると大幅に進化が進むだろう。気づきは自ら成長する。日中を通して大きくなった気づきは、座って瞑想している間の気づきに移り、それと共に大きな成果をもたらす。また、座って行う瞑想中に得られた大きな気づきは、日中の気づきをも高め、このようにして相乗効果を生む。

いかなる取り組みも自らの言葉のみで行うことができる。私たちは自らの思考と気づきのレベルから現実を生み出す。気づきのレベルが大きければ大きいほど、私たちは結果を早く生み出す。最高の状態に達すると、結果はほぼ瞬時に出る。思考や欲求を持ってからそれが現実化するまでの時間差は、劇的に縮む。実際に、時間差はほとんどなくなる。結果を易々と生み出すようになる。聖書にも「先ずは天の王国を求めなさい、そうすれば他のすべてのものはあなたに与えられる」とあるのは、このことである。先に物質的なものを追い求めると、それを入手しようとする努力が必要になる。そうではなく、霊的な道を歩めば、物質的なものも努力なしに手に入る。皮肉なことに、霊的な道を進むと人は世俗的な物質や快楽への興味は失せる。自分の内で得られる喜びは、外的世界から得られるどんなものよりも素晴らしいのだ。

呪縛や祝福を与える能力が備わるだろう。この節には注意を払う必要がある。ともすれば誤解しやすいからだ。この節が言わんとしているのは、人は悟りを得ると強力になり、結果を早く生み出せるようになるということだ。悟りを得た人は決して呪縛を授けたりはしない。もしそうしたなら、その人は悟ってはいない。クリシュナ、ブッダ、キリスト、パタンジャリ、マハトマ・ガンジー、マザー・テレサなど悟りを得た歴代のマスターたちを見れば、故意に誰かに危害を与えようとする人などいないことがわかる。悟りを得た人が決して人に危害を与えない理由は二つある。悟った人は自らの真の性質、喜びを発見している。常に喜びに溢れている。その喜びは、外的な環境に依存しない。怒っている人、腹を立てている人だけが他者に危害を加えようとする。喜びに溢れている人は、決して他人に危害を与えない。たとえあなたがマスターを攻撃したとしても、マスターは腹を立てない。マスターは、あなたは彼（彼女）の身体を攻撃しているに過ぎず、マスターはその身体ではないことを知っている。また、マスターは自分はすべての生命と一体であることを認識している。ならば呪縛をかけるのは愚かなことだ。カルマの法則によって、他者に行うことはすべて、いずれは自分にも同じことが起きるのだから。たとえマスターに危害を与えても、マスターはただ愛で応えるだろう。私たちはみな一つであるなら、誰かを傷つけるなどおかしなことである。左足で右足を傷つけたら、右足で左足を蹴るべきか？　そのような行いは狂っている。マスターは決してそんなことはしない。

141

彼は不死になり、老化から解放される。彼には原子のサイズになる力や、ほかのすべての力が与えられる。おお女神よ、彼はヨギーニ（女性のヨガ行者）が気に入っている人物となり、霊的な集まりのマスターとなる。生きながらして、解放されている。世俗的な活動をしても、それに影響されることはない。

ヨガでは、霊性が一定の段階まで発展すると、一定の力が与えられるという。その力は八つあり、アシュタ・シッディと呼ばれている。

㈠アニマ：身体を原子サイズまで小さくする力

(二)ラギマ：身体を軽くする力
(三)マヒマ：身体を大きくする力
(四)ガリマ：身体を重くする力
(五)プラープティ：どこにでも至ることができる力
(六)プラーカーミヤ：すべての欲求を成就する力
(七)ヴァシュトバ：有機体や非有機体すべての物体をコントロールする力
(八)イシュトヴァ：思いのままに創造し破壊する力

これらの力は、軽々しく使うものではない。これらは霊性の道において、私たちを道から逸らせると考えられている。皮肉なのは、これらの力は、エゴがほとんど消えかかり解放が起きようとするその寸前に手に入るところだ。エゴが消えると一切の欲求がなくなっているから、これらの力を使う必要がなくなっている。そのため、これらの力が誤用されることは決してない。エゴがまったくなくなった時、つまり他の人に危害を加えようとする欲求がなくなった時に、人はこれらの力を使えるようになるのだ。

世俗的な活動をしても、それに影響されることはない。外でどれほど恐ろしいことが起きても、悟りを得た人にはまったく影響しない。解放された人は、自分の性質の至福の中で生きている。外界から完全に解放されている。この世は、その人に何ら力を及ぼすことはできない。

女神は言った。

142

おお神よ、もしこれが至高のエネルギーの性質であるなら、

143

マントラを誰に唱え続けるのでしょう、何を唱えるのでしょう？　おお偉大なる主よ、誰について瞑想するのでしょう、誰を崇めるのでしょう、誰が喜ぶのでしょう？　誰に向かって供え物をしたり、いけにえを捧げるのでしょう？　それはどのように行うのでしょう？

もし神と私たちが分離していないなら、神は存在のすべてであるなら、人は誰について瞑想するのだろう？　誰に祈り、誰にいけにえを捧げるのか？　自分と神は別のものと思っている時、崇拝は簡単に成立する。だが、神はあなたから分離していないとしたらどうだろう？　あなたは誰を崇拝するのだろう。

神は言った。

144

おお愛らしい目の者よ、ここにある実践は外的なものであり、物質の形にのみ当てはまるものだ。

女神が尋ねたのは、外的な儀式のことである。それらの儀式は物理的なもので、本当の現実ではない。

145

至高の存在について何度も繰り返す瞑想は、マントラを継続して唱える。瞑想は、マントラという形で自らの中で続く自発的な音を瞑想しなければならない。これこそがマントラ詠唱である。

マントラ詠唱の実践は、いくつかのヨガの流派で大切にされている。マスターは弟子の誕生日と出生地に基づいて、その人個人のためのマントラを与える。この個人的なマントラを詠唱するだけで、その人は解放されるのだ。この聖典は、マントラ詠唱の実践をあまり重要視していない。ここで伝えているのは、自分の呼吸の音を聴く実践の方がより効果的だということだ。呼吸の音がマントラなのだ。呼吸の音を聴く瞑想は、１５４～１５６節で余すところなく伝えられている。

146

瞑想は強固な集中で、形も支えもない。身体や目、顔、手をもつ想像上の神の像に集中するこ

とは、瞑想ではない。

ヒンドゥー教ではあらゆる神々の像をイメージする。時には、これらのイメージを用いて集中することもある。シヴァ神は通常長髪で、山々を背景に胡座《あぐら》を組んで座っている。この聖典は、このような神々の想像イメージすべてに反対している。神はどんな姿形にもなれるが、一定の形はないからだ。

147

花やその他のものを捧げることを、崇拝というのではない。思考を越えた、至高の空間にハートをしっかりと固定しなければならない。その愛により、神との一体化がある。それこそが崇拝である。

ヒンドゥー教は歴史のある時期において過剰に儀式的なものになった。ヨガは常に、儀式に反対してきた。外的な儀式は重要ではない。重要なのは内的変化である。そのため花を捧げたりその他の儀式を行うことは真の崇拝とはされていない。

思考を越えた、至高の空間にハートをしっかりと固定しなければならない。私たちは決して神から分離していないが、だからといって神に祈ったり崇拝してはいけないということではない。エゴが存在している間は、私たちは神から分離していると感じる。そのような状況では神に祈り、神の助けを求めることはとても役に立つ。この節が伝えているのは、外的儀式のことは忘れなさいということだ。そうではなく、至高の空間や神にしっかりとハートを固定すること。ハートは決して嘘をつかない。もし真に神を求めれば、あなたは神に到達するだろう。これを理解することが非常に大切である。パタンジャリは『ヨーガ・スートラ』でこれを強調した。神に至りたいという欲求が強ければ強いほど、あなたは神に早く到達する。もしその欲求がとても強ければ、一瞬で神に至ることも可能である。この節が神にしっかりとハートを置きなさいと言っているのはそのためである。

神について至高の空間という言葉を用いているのは、神の真の性質を伝えるためである。神という言葉を使う時、私たちは神を自分よりも優れた、他を排除した誰かあるいはものだと捉える。だが、神は排他的ではなく、包含的である。神はすべてのものから分離しているのではなく、すべてを包含している。だから至高の空間という言葉が使われている。空間は、神のように至るところにある。空間はすべての中にあり、すべての周りにある。

至高の空間や神は思考を越えている。私たちは思考によって神に至るのではない。心が静止し、思考から解放されている時、私たちは神に至る。

148

ここで述べられた瞑想のうち、一つでも瞑想を確立することができれば日を追うごとに意識の高まりを経験するだろう。そしてやがて、最高の状態に到達するであろう。それが、ここでいう充足である。

ここで伝えられている瞑想のうち、どれでも一つ、適切に実践すれば、日を追うごとに気づきが高まっていくだろう。そしてやがては完全な気づきに到達するだろう。カシミールの詩人であり聖人だったララは、気づきがどんどん進んでいくのは素晴らしい経験だったと伝えたものだ。

149

感覚器官や感覚対象などが、心とともに意識という器の中にさし出され、至高の空《くう》の火によって溶かされる時、これこそが真の供えものである。

私たちの高まり続ける気づきこそが、神への最高の捧げものであるとララは説いた。これは、この節の伝えていることと似ている。私たちから神への最高の捧げものはエゴを溶かすこと、そして最高の状態つまり神の状態に達することである。これは心をコントロールし、感覚の対象から超然と離れることによって起こる。

この節では、神の代わりに至高の空《くう》という言葉が用いられている。神はすべてである、という意味だ。神がすべてのものであるなら、神は無でもある。特定の何かではなく、すべてだからだ。それがこの節の空《くう》の意味だ。

150

おおパールヴァティよ、自分のすべての罪を破壊すると、完全に至高の存在に吸収される。そして充足を得る。それは至福と言われている。これが、この体系のいけにえの意味である。

自分のすべての罪を破壊するとは、エゴを破壊するということだ。人は自分のエゴをいけにえにする。それがこの体系でいういけにえの意味だ。エゴが破壊されると、人は神に吸収され、至福を得る。

151

神とエネルギーの一体化。この至高の状態が、巡礼地でなければならない。そうでなければ、真の状態において、誰を崇拝し、誰を充足させるというのか？

神とエネルギーの一体化とは、個人と神との一体化のことである。エネルギーは個人を表している。人はあらゆる地を巡礼する。偉大な聖人が生きていた場所を訪ねるのは、興味深いことである。聖人が亡くなって長年経っていても、静かで安らかな感覚が残っている地域もある。この節が強調しているのは、神との出会い、神との一体化である。これが巡礼の最高の場所だ。内なる神に出会うのだ。したがって、巡礼で向かう最高の場所は内である。これまでの節にもあったように、この節は外でなく内を強調している。ララはこれを最適な形で表現している。
「私は神を探して巡礼した。やがて諦め、振り向くと、私の中に神はいた！」

そうでなければ、真の状態において、誰が崇拝し、誰を充足させるというのか？　この哲学は、外での崇拝の方法を奨励しない。人が真の状態にある時、あるのはただ一つのみだ。崇拝者と、崇拝される側は分離していない。だから、そこで誰を崇拝するというのか？　いるのはあなただけだ。あるのはただ一つのみ。神だけが存在している。

152

自己の本質は、自由と至福と意識から成っている。私たちの制限的な自己を真我に浸す、それは沐浴である。

神の本質は自由と至福と意識から成る。私たちは神の一部なので、私たちの本質も自由と至福と意識である。人は常に、自由を熱望する。あらゆる国を見れば、もっとわかりやすい。全体主義体制の国に住む人々は、常に自由を求めて抵抗し、苦闘している。それが共産主義国か、タリバン政権下のアフガニスタンのような宗教原理主義社会であるかは関係ない。重要なのは自由であり、イデオロギーではない。自由の欠如に対し、人々は必ず反発する。それは、自由は私たちの本質だからだ。親は、子供を通してそれを知る。子供は一定の年齢を過ぎると自由を求め、親からの支配に対抗するようになると。物質社会も同様の原理で成り立っている。自由で開放された経済は、傾向として閉鎖的経済よりも早く発展する。

私たちの本質が喜びと至福からできているなら、なぜいつも至福を感じていないのか、と人は時に尋ねる。その答えは、心に関連している。心が制御不可能なまま内なるお喋りを続けるなら、私たちは至福を感じることはない。心が静寂になると、私たちは真の本質の至福を感じるのだ。

私たちの制限的な自己を真我に浸す、それは沐浴である。儀式によっては、浄化に向かう第一歩として沐浴が必要とされている。この哲学では、沐浴とはエゴを真我に溶かすことである。外的な儀式では、私たちは沐浴することで身体を浄める。この哲学は、身体の浄化には関わらない。ここでいう沐浴や浄化とは、エゴの溶解のことだ。エゴは、私たちの真我を覆っている外層のようなものだ。この覆いを溶かすことが沐浴であり、そうすることで真我が現れる。

153

崇拝に使う物、あるいは満たすべき高次または低次の現実の対象、崇拝者、神は、実際はみな同一である。なら、なぜ崇拝するのか？

この聖典の非二元の哲学は、儀式的な、外的な形をもった崇拝に反対している。崇拝者と、崇拝に用いられる対象物と、神はすべて同じ、一つである。であるなら、誰が誰を崇拝しているのか？　あなたは自分（崇拝に使う物）を用いて、あなた自身を崇拝しているのだ。この伝統は、このような崇拝を無意味だと捉えている。このような無駄な儀式になぜ時間を無駄に費やす必要があろうか？　それよりこの聖典で挙げられている瞑想を実践して自分が変わり、自分の神性を知ろうとすることである。

154

呼吸は自発的に、曲線を描いて出ていき、入ってくる。それによって人はより遠くに、より高く、より低いところへ到達する。偉大な女神は、巡礼の至高の地である。

ここから三つの節で、最後の瞑想が伝えられている。偉大な女神とは呼吸のことだ。彼女は巡礼の至高の地である。つまり、彼女を訪ねること。注意を自らの呼吸にフォーカスすること。

155

この火（女神）は偉大な至福に満ちている。彼女を追い、彼女の中に安住すると、彼女と完全に一体化する。その時、女神を通して、人は神を得る。

この火とは、呼吸である。呼吸は偉大な至福に満ちている。呼吸を追うこと——呼吸に絶え間なく気づき続けること。すると人は彼女になり、至福に満ちる。その後、人は神に到達する。

(a)呼吸が外に出ていく時はSa（サ）の音がし、中に入ってくる時はHa（ハ）の音がする。「ハムサ、ハムサ」。生きものは、このマントラを常に唱え続けている。

156

日夜を通して2万1600回。女神を完全に表すこの音を絶え間なく朗唱するのは、簡単なことである。ただ、意識不明の場合のみ困難となる。

155a節は、『*Kashmir Series of Texts and Studies*』には含まれていない。だが、クシェマラジャが『シヴァ・スートラ』（バスブプタがシヴァ関連の聖典をまとめた網要書。9世紀頃成立）の解釈書に引用しているため、原典には含まれている。これが重要なのは、瞑想を説明しているからである。155a節は文の途中で終わっており、156節はその続きになっているので、155aが無ければ156節は成り立たない。155aの数字が充てられているのは、『*Kashmir Series of Texts and Studies*』の節の数字に準じるためである。

この瞑想は、呼吸の音を聞く実践である。日中を通して行なっても、座って目を閉じる瞑想として行なってもよい。呼吸をする時、息が入ってくる時はHamの音、外に出ていく時はSaの音がする。Hamはサンスクリット語のahamから来ており、「私」を意味する。Saは「あれ」を意味する。したがって、Hamsaは「私はあれである」（I AM THAT.）ということだ。あれとは、シヴァあるいは神である。呼吸は常に、一分間に一五回、「私はあれである」または「私は神である」の音を立てている（私たちは一分間に約一五回呼吸をしている）。二四時間で2万1600回となる。この音はマントラと見なされている。意識を高める、最も重要なマントラの一つである。

Hamは、ハムと発音する。息を吸う時はハム、吐く時はサの音が聞こえるはずだ。この音が入れ替わったように聞こえる場合の方が多い。息を吸う時にソ（サではなく）、吐く時にハムが聞こえるのである。意味は同じである。あなたの呼吸はどんな音か、試すしかない。吸う時にハム、吐く時にサが聞こえるかもしれない。あるいは吸う時にソ、吐く時にハムが聞こえるかもしれない。あるいは他の音に聞こえる場合もある。

この瞑想は、楽に座って目を閉じて行う。呼吸の音に注意を向ける。それはハムサ、あるいはソーハム、または別の音かもしれない。その音に絶えず気づきを向け続けること。とても深くに入り、平穏になるだろう。

この瞑想は深呼吸をして行うこともできる。深呼吸は呼吸が長くなり、一分あたりの呼吸数は少なくなる。深呼吸をしていると、呼吸の音が聞きやすい。深呼吸で行う時は、深い呼吸を行い、呼吸の音に集中すること。

なぜこの実践が、他の瞑想に併せてではなく、ここで伝えられているのだろう？　それは、この瞑想は特別だからだ。簡単で、心を必ず静止させることができる。他のすべての瞑想で失敗しても、この瞑想は必ずうまくいく。すべての人が成功する。自分の呼吸の音は、全宇宙で最も強力なマントラである。生命と声の土台のマントラである。心に、非常に強力な効果をもたらす。心はこの音に惹きつけられ、それを聞き、静寂に落ちる。全思考が止み、人は真の性質である平和と喜びを経験する。

女神を完全に表すこの音を絶え間なく朗唱するのは、簡単なことである。女神という言葉を呼吸という言葉に入れ替えれば、よりわかりやすいだろう。

ただ、意識不明の場合のみ、困難となる。意識不明とは、文字通りである。この実践は、意識不明の人――気を失っている、あるいは何らかの理由で無意識になっている場合は難しい。目が覚め、意識がある人にとっては、これは簡単な実践である。これは誰でもできる瞑想である。

157

おお女神よ、これらの言葉で私は不死の最高の状態に人を導く至高の教えを説いてきた。この教えは誰にでも伝えられるものではない。

158

特にほかの伝統の弟子や、不道徳で冷酷で師に忠実ではない弟子には伝えてはならない。反対に、疑心をもたない勇敢な者たちには大胆に伝えてもよい。

これらの二つの節は、159節の一文目と併せて読むこと。これらの瞑想を学ぶ人は、まずその前にいくつかの条件を満たしていなければならない。ほかの伝統に属していないこと。もし属していたら疑いが生じる。この道を完全に進む覚悟はできないだろう。進展はとても遅くなるか、まったく前進しないかである。師は、疑心を持たない、完全に献身し、師に忠実な弟子を教えなければならない。師への忠誠と献身は重要だ。もし師を信じられなければ、その師が教えるものをどうやって学べようか？　弟子は、師を信じていなければならない。そうしてこそ、師が教えることを弟子は信じ、実践することができる。疑いを持つ弟子や師を信頼していない弟子に教えるのは時間の無駄である。そのような弟子はあまり成長しない。

さらに、不道徳で冷酷な弟子もいけない。ヨガは初期の頃、非暴力を非常に重視していた。ヨガを教わる前に、弟子は非暴力にならなければならなかった。ほかの生きものに危害を与えたり傷つけてはいけなかった。現在では、この条件が課されることはない。今、ヨガはほぼすべての人に開かれている。これは、ヨガと瞑想には人の性質を変える力があるからだ。暴力的な人は、瞑想によって非暴力に変わり得る。冷酷な人は、瞑想によって親切に変わり得る。現在では、瞑想は刑務所でも教えられている。瞑想の効果によって囚人は怒りを克服し、平安な気持ちになる。内が平安でいられれば、外界とも平安になれるのだ。

159

そしてマスターたちの系列に身を捧げる者は、自らの人種、政府、町、国、子供たち、妻、家族——

160

このすべてを放棄せねばならない。おお愛らしい目の者よ、これらの一時的なものに何の意味がある？　そうではなく、おお女神よ、永続する至高の宝に導くこの教えをつかまねばならない。

私たちは通常、人種、国籍、宗教その他、社会が定めるアイデンティティで自らを定義している。私たちは、実際はそのどれでもない。私たちはインド人でも中国人でもアメリカ人でも、その他の何でもない。ヒンドゥー教徒でもイスラム教徒でもキリスト教徒でもない。私たちは死が近づくと、そのような自分を当てはめていたアイデンティティはすべて取り払われてゆく。自分でそのようなアイデンティティを取り外すことが重要なのである。私たちはこの身体ではなく、自分の外観で定義できるものではないのだ。

自らの人種、政府、町、国、子供たち、妻、家族――このすべてを放棄せねばならない。妻や子供を放棄するとは、彼らと別れて森の中に隠居し瞑想せねばならないということではない。あなたを頼る人々は、彼らが自立するまで助け続けるべきである。彼らを放棄するとは、彼らへの執着を放棄するということだ。身近な家族だけではなく、全人類を愛さねばならない。私たちの富や家族も、一時的なものに過ぎない。日ならずして、それらは皆、消えるのだ。『アシュターヴァクラ・ギーター』は、私たちはいくつもの人生を富を得るために努力してはそのすべてをただ失うことを繰り返していると伝えている。あらゆる快楽を手に入れるために努力し続けるが、死ぬとそのすべてを失う。そんな生き方に何の意味があろうか？　次の人生では、また富を得るために始めからやり直さなければならないのだ。言葉を学習し、また学校に行かねばならない。そうするのではなく、優先事項を変えるべきである。一時的なものではなく永続するものに集中すべきである。この節の次の部分に、そう伝えられている。

そうではなく、女神よ、永続する至高の宝に導くこの教えをつかまねばならない。現世で私たちが手に入れる物品や富は、生きているうちに失うかもしれない。もし生きているうちに失わなかったとしても、死ぬ時には失うことになる。だが、この教えは永続する宝物に繋がる。今生で解放が起きなかったとしても、本人の進歩や達成した意識レベルは決して失うことはない。来生は、今生で到達した意識レベルから始めることになるからだ。

レベルが落ちたり、ゼロからのやり直しにはならない。一定の気づきレベルに達したら、そこから解放に至るまで気づきは高まるばかりだ。物質世界での発展は、その時だけのものだ。死ぬ時には、それを失なう。だが霊性探究での発展は永遠である。転生するたびにそれは続き、やがては神に到達するのだ。

この教えは、至高の宝物に繋がる。解放の経験から得る喜びに匹敵する喜びは、外的世界にはない。外界から得られるどんなものよりも価値がある。

161

生命を放棄したとしても、不死の至高のネクターに至る教えは、それに相応しくない者には与

えてはいけない。

女神は言った。

おお神よ、神々の中の神よ、偉大なる神よ、私は完全に満たされています。

162

私は『ルドラヤマラ・タントラ』の本質と、あらゆる段階のエネルギーの本質を完全に理解しました。

『ヴィギャン・バイラヴァ・タントラ』は、『ルドラヤマラ・タントラ』という聖典の一部だとされている。だが、女神はここでは、ルドラヤマラあるいは解放のテーマを扱うすべてのタントラ原典のことを指している。解放に関するそういうすべての原典の本質は、この対話――『ヴィギャン・バイラヴァ・タントラ』にある。

163

喜びに満ち溢れた女神はこのように言い、神を抱擁した。

女神のすべての疑問は払われ、喜びに満ちた。神を抱擁したとは、神と一つになったということ——彼女の非二元の最高の状態に戻ったのだ。彼女は全人類に神への戻り方を示すために自分を分離させていたのだ。その役割が今完結し、彼女は自分の最高の状態に戻った。

結論

この原典には数多くの瞑想が示されている。どの瞑想でも一つ行えば、神に至ることができる。だがどれだけ早く神に至るかは、本人がどれほどそれを強く求めているかによる。その欲求が強ければ、最高の状態に早く戻ることができる。

一元論や非二元の哲学は、ここ一五〇年でますます広く行き渡ってきている。この哲学を教えている、あるいは最近まで教えていたメッセンジャーや悟りを得た聖人はたくさん存在する。ニール・ドナルド・ウォルシュ、ラーマクリシュナ、エックハルト・トール、和尚（OSHO）、ラマナ・マハルシ、スワミ・ラクシュマンジョ、ダグラス・ハーディング、スワミ・ジヴァナンダ、サイババ、パラマハンサ・ヨガナンダ、ディーパック・チョプラ、ウェイン・W・ダイヤーなどがそうで、その他にも大勢いる。彼らの著作を読めば、非二元の哲学のことがより深く学べる。古代聖典の中で他に重要なものは『ウパニシャッド』『シヴァ・スートラ』『アシュターヴァクラ・ギーター』である。『アシュターヴァクラ・ギーター』は非二元に関する最も美しい古代聖典である。

前世紀から今にかけて、人類は多大な霊的成長を遂げてきた。私たちは宗教や社会が設けた狭小な分裂状態からより高次の真実に向かって移行を始めている。進化に際して私たちは神のメッセンジャーたちや悟りを得た聖人たちや何世紀もの間、秘密とされてきた『ヴィギャン・バイラヴァ・タントラ』のような原典に助けられて歩みを進めている。『ヴィギャン・バイラヴァ・タントラ』のような重要な古代聖典は、まさに相応しいタイミングで再び現れた。私たちがそのメッセージを受け取り、進化を進めてゆく準備が整っているからこそだ。この聖典をもたされた、悟りを得たカシミール派のマスターに感謝しなければならない。そのマスターが自らの名前を著さなかったのは、名前は重要ではないことを知っていたからだ。それよりも遥かに貴重なものを私たちに残してくれた。悟りを得るための、それは数多くの方法を残してくれたのだ。彼あるいは彼女に、永遠の感謝を捧げる。

ランジット・チャウドリ
コルカタにて

参考文献

"*The Buddha Speaks*" Bancroft, Anne, Boston: Shambhala, 2000
"*Lalla – Naked Song. Athens*" Barks, Coleman, GA: Maypop Books, 1992.
"*The Teachings of the Compassionate Buddha*" Burtt, E.A., New York: New American Library, 1955, 1982.
『アシュターヴァクラ・ギーター』トーマス・バイロン（ナチュラルスピリット）
『頭がない男――ダグラス・ハーディングの人生と哲学』ダグラス・ハーディング（ナチュラルスピリット）
『人生を変える４つの質問』バイロン・ケイティ、スティーヴン・ミッチェル（アーティストハウスパブリッシャーズ）
"*Kashmir Shaivism, The Secret Supreme*" Lakshmanjoo, Swami, USA: Kashmir Shaivism fellowship, 1985, 2000.
"*Words Of Grace. Tiruvannamalai:Sri Ramanasramam*" Maharshi, Sri Ramana,1969, 1996.
"*The Bhagavad Gita*" Mascaro, Juan, England: Penguin Books Ltd, 1962, 1975.
"*The Upanishads*" Mascaro, Juan, England: Penguin Books Ltd, 1965, 1981.
『１１２の瞑想秘宝の書』ＯＳＨＯ、スワミ・アドヴァイト・パルバ（市民出版社）
『エンライトメント 神秘家・アシュタヴァクラ ただひとつの変革』ＯＳＨＯ（市民出版社）
"*Osho Meditation Series – Surrender to Existence*" Osho, Delhi: fULL CIRCLE, 1997.
"*Zen Flesh, Zen Bones*" Reps, Paul and Senzaki, Nyogen, Boston: Shambhala, 1957, 1994.
"*Kundalini – energy of the depths*" Reps, Paul and Senzaki, Nyogen, Albany, NY: State University of New York

Press, 1988.
"*Vijnana Bhairava or Divine Consciousness*" Singh, Jaideva, Delhi: Motilal Banarsidass Publishers Private Limited, 1979, 2001.
"*Siva Sutras*" Singh, Jaideva, Delhi: Motilal Banarsidass Publishers Private Limited, 1979, 2000
『さとりをひらくと人生はシンプルで楽になる』エックハルト・トール（徳間書店）
『ラマナ・マハルシとの対話』ムナガーラ・ヴェンカタラーマイア（ナチュラルスピリット）
『神との対話』ニール・ドナルド・ウォルシュ（サンマーク出版）
『神との友情』ニール・ドナルド・ウォルシュ（サンマーク出版）
『神とひとつになること』ニール・ドナルド・ウォルシュ（サンマーク出版）
『人間の永遠の探求』パラマハンサ・ヨガナンダ（森北出版）
『欽定訳聖書』

瞑想の手引き

(a) リラックスし、まったく緊張のない楽な姿勢で座ること。床にマットやタオル、毛布などを敷いて座るか、絨毯《じゅうたん》の上に座る。一番瞑想に適した姿勢はパドマ・アーサナ（蓮華《れんげ》座）とシッダ・アーサナ（半跏趺坐《はんかふざ》）である。次にいいのはスワティカ・アーサナ、アーダパドマ・アーサナ、スカ・アーサナ、ヴァジュラ・アーサナ（正座・金剛坐）である。これらの姿勢はヨガ教師に教わるといい。初めはこのような姿勢で座れない人もいるだろう。そのような人は他のヨガのポーズや運動を実践して身体を柔軟にする必要があるかもしれない。もしこれらの姿勢を維持できない場合は、楽に座れる姿勢で瞑想を行うといい。椅子に座って行ってもいい。横になるように指示がない限りは、横になって行わないこと。横になると眠りに落ちやすくなる。

(b) 瞑想中は身体を動かさず、背骨がまっすぐ伸びた状態を維持すること。先に挙げた姿勢がいいのは、身体が固定され、背骨を立てた状態を維持できるからだ。瞑想中に身体を動かすと意識が散漫になり、深い瞑想に入れなくなるのだ。だが一般的に、そのようなことは起きない。瞑想を始めると自ずと瞑想に没頭するものだ。実践を終えたら、ゆっくりと気づきを外界に向けていくこと。例えば、まず呼吸に注意を向ける。その後、身体に気づきを向ける。特に、身体と床の接地に気づきを向ける。次に、外的環境の音に気づきを向けていく。最後に目を開き、身体を動かすこと。

(c) 瞑想に最適な時間帯は午前四～六時である。次にいい時間帯は夕方、日没時である。瞑想はそれ以外のどんな時間帯でも、夜眠る前に行うこともできる。ただし、毎日同じ時間に瞑想するように努めること。

(d) 瞑想は空腹時に行うのが一番いい。たくさん食べた直後は瞑想しないこと。消化活動中は意識が散漫になり、瞑想に影響する。

(e) 軽くてゆったりとした、楽な衣類を身につけること。静かで清浄な環境で瞑想すること。あまり外的な音が多いところでは、瞑想が散漫になる。

(f) 一般的に、座って行う瞑想は一日に二回、一五分ずつ行う。それより長く瞑想するなら、マスターのガイダンスの元で行う必要がある。有能なマスターから学ぶ瞑想は何にも代え難いものだ。

(g) 毎日瞑想すること。これが最も重要である。どんなライフスタイルであれ、移動の多い生活であれ、毎日時間をとって瞑想すること。そうしなければ緩慢な進歩しかできない。

(h) 病気になったり熱が出た場合は、一時的に瞑想を止めること。元気になったら再開すること。

(i) 瞑想中や瞑想後に何らかの障害が生じたら、マスターの助けを求めること。あるいは自己の内に行き、神性自己から智恵を受け取ること。

経文一覧

女神が言った。

1　すべては**男神**と**女神**の結合に起源を発すると聞いています。トリカ体系（三位一体の神学・存在論）の本質から、すべての詳細もです。ですが、おお**神**よ、今も私の疑いは晴れません。

2　おお**神**よ、あなたの真の本質は何ですか？　言葉の集まりでしょうか？

3　あるいは、**神**の本質は九つの異なる形から構成されているのですか？　それとも、三つの異なる頭または三つのエネルギーの組み合わせなのでしょうか？

4 あるいは、あなたは音や点は半月で構成されているのですか？ あなたの本質は、チャクラを上昇するあのエネルギーですか？ それとも母音のない音ですか？

5 中位と下位のエネルギーを分割することはできますか？ もしそれも至高（超越）エネルギーの本質であり、分割もできるなら、超越とはいえません。

6 **至高の存在**は、決して色や体で分割されません。**至高の存在**は不可分でありながら、部分の合成でもあるとはどういうことですか？ おお、主よ、慈悲をお与えください。私の疑いを払拭してください。

神は言った。

7 素晴らしい！ 素晴らしい！ 親愛なる者よ、あなたはタントラの本質を問うている。

8 親愛なる者よ、これはとても理解し難いかもしれないが、説明しよう。**神**の分割された形として表明されたものはすべて――

9 おお**女神**よ、そのすべてに実体はないことを知るのだ。すべては手品の見せもののようなもの、幻想、夢、架空の想像都市のようなものだ。

10 このような概念は、外的活動を行おうとする、心が混乱している人々の瞑想を支えるために用いられている。二元的な思考しかできない人々のための概念でしかない。

11 現実において、**神**は九つの異なる形でも、言葉の集まりでもない。三つの頭でも、三つのエネルギーでもない。

12 音でも、点でも、半月でもない。チャクラを上昇することは私の本質ではないし、エネルギーが私の性質なのでもない。

13 これらの概念は、**究極の現実**を理解するだけの知性がまだ十分に成熟していない人々のためのものだ。子供を危険から遠ざけるために怖がらせ、霊的実践を始めなさいと皆を励ます母親のようなものである。

14 私は時間や方向性のすべての概念から自由である。私は特定の場所ではない。**神**を言葉で正確に示したり説明するのは、不可能である。

15 人は自らの内に**神**の喜びを経験するかもしれない。それは心が静寂で、思考から解放されている時に起こる。この、至福に満ちた**神**の状態が、**女神**である。

16 私の本質は喜び、純粋で、全宇宙に浸透していることを知るべきである。これが至高の**現実**の性質なのだから、誰を崇拝するというのか？　満たされるのは誰なのか？

17 このようにして、**神**の最高の状態は称賛される。私の最高の形を通して、**至高の女神**の最高の形も称賛されている。

18 エネルギーとエネルギーの所有者、責務とそれを果たす者の間に違いはない。この理由から、**至高のエネルギー**（**女神**）と**神**の間に違いはない。

19
「火を燃えあがらせる力」と「火」を分離させることはできない。火が初めに燃えあがる時の、その初めの部分の本質的な性質を学べるように、「火を燃えあがらせる力」と呼んでいるだけだ。

20
人が**神聖なエネルギー**の状態に入ると、それが**神**の状態である。ここで言っているように、**女神**は**神**への入り口なのだから。

21
空間などは、ランプや太陽の光によって認識される。同様に、おお、**親愛なる者**よ、**女神**（エネルギー）を通して**神**を知る。

女神は言った。

22
おお、**神々**の中の**神**よ、装飾として碗を、象徴として三叉《さんさ》の戟《げき》として持ち、方向性も場所も時間も描写もないのですね。

23
どのような手段で、私たちは**神**の形を得て満たされることができるのでしょうか？　至

高の女神、**神**への入り口に至る方法は何でしょうか？　**神**よ、完全に理解できるよう、説明してください。

神は言った。

24　**至高のエネルギー**（呼吸）は、吐く時に上昇し、吸う時に下降する。この、吐く息の起点と吸う息の起点に集中することで、充実の状態になる。

25　呼吸が内側から外側へ、また外側から内側へ転じる二つの場所に集中しなさい。おお、**女神**よ、このように**女神**を通して、**神**の本質形が実現する。

26　吸う息から吐く息への**折り返し点**（センター）、あるいは吐く息から吸う息への**折り返し点**（センター）ですべての思考は消える。エネルギーの形が見え始め、エネルギーを通して**神**の形が現れる。

27　呼吸が吸気あるいは呼気の後でおのずと保持されている時――ついには、安らかな**エネ**

ルギーを通して、平安が現れる。

28 最も基底にあるエネルギーセンターから明るい光のエネルギーが上る様子を瞑想する。光は上昇するにつれてどんどんほのかになっていき、最後に最も高い頭頂のセンターで溶ける。すると、**神**が現れる。

29 エネルギーを稲妻のようなものと想像し、各エネルギーセンターを通って一番上のエネルギーセンターまで上っていく様子を瞑想する。最後には、**偉大な愛**が生じるのを味わいなさい。

30 12のサンスクリット語の文字を、次々の連続で瞑想する。まずはグロスフォームで行う。次にそれを脇において、サトルフォームで行う。次にそれも脇において、シュープリームフォームで行う。最後にそれらをすべて脇において、シヴァになる。

31 思考せずに、眉毛の少し上の中間点に集中する。**神聖なエネルギー**が噴き出して頭頂部まで上り、瞬時に恍惚《エクスタシー》で完全に満たされる。

32 孔雀の尾の模様にある五色の円の形をした五つの空《くう》を瞑想する。円が溶けて消えると、その人は内なる至高の空《くう》の中に入るだろう。

33 同じように、徐々に注意を何かにフォーカスする。空間でも、壁でも、偉人でもいい。するとその人は**至高の現実**に完全に吸収される。

34 目を閉じて座り、頭蓋骨の内側に注意を向け、注意をそこに定める。しっかりと集中状態にいることで、徐々に**至高の現実**を認識するようになる。

35 脊髄の中心に位置する中央経路は、蓮の糸のように見える。その中のスペースを瞑想する。すると、**女神**が道を開示する。

36 眉間の一点に集中していると、光が見える。見えたら、手の指を使って頭の中の七つの感覚の穴を閉じる。光は徐々に溶け、そして人は最高の状態の中で永遠に生きるだろう。

37　目を優しく押さえる。一つの点のような微細な光が頭頂あるいは心臓の中に現れる。そこに溶け込んでいくこと。この瞑想から、人は**最高の現実**に溶け入る。

38　絶え間ない音の川の流れに深く身を浸す。耳を閉じ、**神**の非打音を聞く。すると**神**を認識する。

39　おお、**女神**よ、ＡＵＭ（オーム）などをゆっくりと唱えなさい。伸ばした音の最後の空《くう》に集中すること。すると空《くう》の至高エネルギーとともに、空《くう》に至るだろう。

40　どんな文字でも、その音の始まりあるいは終わりの空《くう》に集中する。その空《くう》のパワーにより、人は**空**《くう》になる。

41　注意を絶やさずに、弦楽器やほかの楽器の長く伸ばした音が終わりに向かうのを聴く。徐々に減じていく音を聴いていると、そこには**至高の空間**が生じている。

42　自分に聞こえるようにＡＵＭを唱える。徐々に音が弱まっていく。音が空《くう》の中に消えるポイントに集中していると、人はシヴァになる。

43 心に思考のない状態で、身体に集中する。空間が全方向に染み渡っている様子を想像する。すると、心はすべてに浸透しているだろう。

44 上も下も同時に空《くう》として瞑想する。身体とは独立したエネルギーによって、思考は消えるだろう。

45 同時に上を空《くう》として、下を空《くう》として、ハートを空《くう》として揺ぎなく瞑想をする。すると、思考がない状態によって、永久に思考から自由な状態が生じるであろう。

46 思考のない状態で少しの間、身体のどこか一ヶ所をただの空《くう》と捉える。すると、永遠に思考から自由になる。その時、その人の形は思考からの自由という壮大な状態に達する。

47 おお、無垢な目の者よ、身体のすべての要素が空虚な空間に満たされていると見なしなさい。すると、その観念の中に永遠に定住するだろう。

48 皮膚を、虚空の身体の壁と見なす。身体の内側は無である。このように瞑想することで、瞑想を超えた場所に達する。

49 ハートの中の内なるスペースに感覚が吸収されたら、そこにある二つの蓮のボウルの中心に絶え間なく注意を集中すること。その時、おお、**愛する者よ、この上ない果報**を得る。

50 身体の中心の、吸気が終わるところに心を完全に吸収させる。揺ぎなく集中しているうちに、心の中で安定するようになり、自分の真の本質を認識する。

51 日中のいつでも、どんな方法でも、どんな場所でもいい。二つの呼吸の間の隙間に注意を定める。心を維持する手段は失われ、数日のうちに自由になる。

52 右足から破滅の火が起こり、頭頂まで身体を燃やしている様子を想像する。すると、穏やかな壮麗さを得るだろう。

53 同様に、絶え間なく注意を向けながら全世界が燃えている様子を瞑想する。するとその人は最高次の状態に達するだろう。

54 自分の身体の構成要素、あるいは世界がどんどん希薄になっていき、ついには消えるまでを瞑想する。やがて至高の**女神**が現れる。

55 ゆっくりと、音を立てながら息を吸って吐く。この呼吸が終わる二つの場所を瞑想する。すると人は解放され、独立を得る。

56 全宇宙にあるものすべてが一連の流れで溶けていき、物質の状態から希薄な状態へ、希薄な状態から至高の状態へ溶けゆく様子をイメージする。自分の心がついには溶けるまで続ける。

57 宇宙全体が、その端から端までのすべてがシヴァの一部であると瞑想する。このように瞑想することで、偉大な目覚めが起こる。

58 おお、**偉大な女神**よ、この宇宙のすべてが空《くう》であると見なしなさい。すると心は溶け、空《くう》の中に吸収されるだろう。

59 ボウルや何かの器を、仕切りを見ずに眺める、スペースの中に吸収されるその瞬間から、人はスペースでいっぱいに満たされる。

60 広大にひらけた場所、木々も山も壁も何もない場所に視点を向ける。心が完全に溶けると、人は新たに生まれ変わっている。

61 自分が二つのことを考えていることに気づいたら、二つとも同時に両脇に置いて、その二つの中間にいなさい。その二つの間の中心で、人の真の性質が輝きを放つ。

62 心が一つの思考を離れた時に、他の思考へ移るのを抑制すると、心はその間で休息する。その中間の状態にいることで、人の真の性質が鮮やかに開花する。

63 思考のない心で揺るぎなく、あなたの全身あるいは全宇宙が意識を持っていると捉えなさい。それが**至高の目覚め**である。

64 吸う息と吐く息が会うポイントに集中しなさい。するとヨギに、完璧な理解が誕生するだろう。

65 身体全体あるいは宇宙全体が、自分の幸せで満ちている様子を想像しなさい。すると自分の幸せのネクター（生気のエネルギー）によって、**この上ない至福**で満たされるだろう。

66 おお、優しい目をした者よ、優しく撫でられると、大いなる喜びが瞬時に生じる。その喜びによって真の性質が現れる。

67 すべての感覚を閉じると、徐々に**生命エネルギー**が脊椎の中心を上昇し、蟻が脊椎の上を動いているような、ちくちくした感覚がするだろう。そして最高の喜びが全体に広がる。

68 性行為の始まりから終わりまでの間に味わう喜びに注意を注ぐこと。エネルギーで満ち溢れ、愛の至福を通じて神と一体になるだろう。

69 女性と性交する時、オーガズムの間に大いなる喜びが生じる。その喜びは神の性質の現れであり、その人自身の現れである。

70 おお女神よ、女性がいなくとも、女性と愛し合っている時のクライマックスの強力な喜びを思い出すことによって、喜びが激しく溢れ出すだろう。

71 どんな場合であれ大いなる喜びを感じた時、あるいは久しぶりに友人や親戚に会って喜びが生じた時、その喜びの中で瞑想しなさい。すると心は喜びに吸収されるだろう。

72 食べたり飲んだりする快感から、喜びが開花していく。その喜びの状態に、自ら満たされなさい。すると、大いなる喜びが得られるだろう。

73 歌う、あるいは他の感覚から得る快感を楽しんでいると、大きな喜びが起こる。ヨギは、その喜びと一つになる。すると、自己の成長が起こる。

74 なんであれ心が満足するもの、そこに注意を向けなさい。すると、真の性質の**この上なき至福**が姿を表す。

75 完全に睡眠に入りきる前の、外界が消えている状態に注意を向けなさい。その状態にいると、**至高の女神**が現れる。

76 太陽やランプの光が、あらゆる色に見える部分に視点を定める。そこに、**真我**が現れるだろう。

77 ヨガのカランキニ（Karankini）、クロダナ（Krodhana）、バイラヴィ（Bhairavi）、レリハナ（Lelihana）、そしてケカリ（Khecar）のムドラを実践すると、**至高の現実**が現れる。

78 柔らかい座面にお尻の片方だけを使って座り、手や足で支えないこと。この姿勢でいると、**至高の現実**への理解で満たされるだろう。

79 楽に座り、両腕を頭上でアーチ状に曲げる。腋の下の空間に心が溶け込んだ時、**大いなる平安**がやってくるだろう。

80 どんなものでもよいので、一つの物体の全体を瞬きをせずに、揺るぎなく見つめなさい。心が機能できなくなり、短時間のうちにシヴァの中にいるだろう。

81 口を大きく開き、口蓋の中心部に舌を突き上げる。舌の真ん中に注意を定め、そこから「Ha」の音を発してその音を感じなさい。すると、平安の中に溶けるだろう。

82 ベッドかソファに座り、自分の身体が何にも支えられていないと想像し続けなさい。心が消えた瞬間、自分がいた固定地点も消えている。

83 おお**女神**よ、乗り物で移動している時の、身体のリズミカルな動きを経験しなさい。あるいは静止した所で、身体をゆっくりと揺らしなさい。すると心は穏やかに静まり、**神**性が溢れ出すだろう。

84 澄んだ空を、動かずに見つめ続けなさい。おお**女神**よ、その瞬間から、**神**の形があなたのものになるだろう。

85 空間全体が、あるいは空《そら》全体が、自分の頭の中に吸い込まれる様子をイメージして瞑想する。**神**の性質を吸収することで、**神**の輝かしい形を得ることだろう。

86 目覚めの状態にいる時は、二元性から生まれた知識が存在する。夢見の状態では、外側の印象がある。深い睡眠状態では、完全な闇がある。これらの意識状態はすべて、**神**の形であることを知りなさい。すると、**神**の無限の光に満たされるだろう。

87 同様に、陰月で下弦の月の間、完全な闇夜に、その闇に長時間、集中しなさい。すると、**神**の形に向かって速く押し進められるだろう。

88 同様に、闇夜がなくとも、目を閉じて自分の前の闇に集中しなさい。目を開け、いたるところに広がっている**神**の闇の姿を見なさい。すると、**神**と一つになるだろう。

89 感覚器官の機能を外的に妨げたり抑制する時、人は二元性を超えた空《くう》に入るだろう。そこに**真我**が現れるだろう。

90 母音のA（ア）を、MやHの音をつけずに続けて唱えなさい。すると、おお女**神**よ、**神**の知が大いなる洪水として力強く溢れ出すだろう。

91 Hの音を出し、音の終わりに集中しなさい。心を支えるものがなくなり、人は永遠に**神**に触れる。

92 自分が全方向に無制限に広がる空間（あるいは空《そら》）になったイメージとして瞑想しなさい。すると、自らが何にも支えられずに存在する意識のエネルギーとして見えるだろう。

93 身体のどこかを、鋭い針かピンなどで刺しなさい。そして、あなたの気づきで刺した場所に加わりなさい。すると、あなたは神の純粋性を得るだろう。

94 このように瞑想しなさい――「私の中は無である。心も、知性も、骨も、臓器も、何もない」この瞑想によって、人はすべての思考を放棄する。思考のない状態にいることで、人は神に達する。

95 名前のある、すべての小さな一部は、私たちを誘惑する幻想であると揺るぎなく理解していなさい。人の真の性質の最も重要な資質は、一体性である。この理解によって人はもう分離してはいられなくなるだろう。

96 欲望が生じるのがわかったら、直ちにそれを絶つことだ。すると、その欲求が生じたまさにその場所に、吸収されるであろう。

97 私の中に欲望や知識が現れない時――その状態にある私は誰なのだろう？　それが私の真の、本質的な現実である。このように熟考することで、人はその現実に吸収されるであろう。

98
欲望や知識が生じたら、それを熟考するのを止めること。そして自己は意識と同一であると考えなさい。すると、真の性質が現れる。

99
神の真の性質は、原因がない、そして支えがない。すべての人の知識や知覚は、そうではない。おお親愛なる者よ、このように在れば、人はシヴァになる。

100
意識は、すべての身体が持っている本質的な資質である。どこにも、違いはない。したがって、すべてのものは同一の意識でできている。これを理解することで、人はこの世の存在を制する。

101
強い欲望、怒り、利欲、心酔、陶酔、嫉妬が起きたら――心の働きを止めなさい！　そうすると、その感情の根底にある真の現実が現れる。

102
世界全体を魔法のような奇術、絵、あるいは幻覚として見なさい。この瞑想から、喜びが現れる。

103
快楽または苦痛に思考を向けてはいけない。おお女神よ、真の現実はこの二つの間にあることを知りなさい。

104
身体の心配は、もう手放しなさい。「私はいたるところにいる」と、他には何もないという揺るぎない心とビジョンで信じなさい。すると、喜びを得るだろう。

105
知識、欲求などは私の中にあるだけではなく、瓶や他の物の中に、至るところにある。この信念によって、人は遍在的な存在となる。

106
客体と主体の気づきは、すべての生きものが共通して持っている。だがヨギの特質は、常に自らに気づいている点にある。

107
自分の身体への心配は傍に置き、自分の中に在るのと同じ意識が他の身体の中にも在ると継続的に信じなさい。数日のうちに、その人はすべてに浸透するだろう。

108 お愛らしい目をした者よ、すべての思考を止めると、心を維持させるものがなくなる。すると自己は**神**の**至高の自己**となるだろう。

109 **神**は全知であり、全能であり、遍在する。「私には**神**と同じ資質がある」と揺るぎなく信じなさい。すると、人は**神**になる。

110 水から波が生じ、火から炎が生じ、太陽から光が生じるように、宇宙のあらゆる形は私、**神**から生じている。

111 身体を素早く、くるくる回転させなさい。地面に倒れるまで回りなさい。エネルギーの動きが終わる時、**至高の状態**が生まれる。

112 エネルギー、あるいは知識が欠如している時、心は溶け、人はエネルギーの中に吸収されている。最終的にエネルギーが静まり、**神**が現れる。

113 おお**女神**よ、私が神秘の伝統を説明する時、よく聴きなさい。瞬きをせずに目を固定していると、たちまち**至高**との一体化が起こるであろう。

114 両耳を閉じ、直腸の穴を締めなさい。そして母音や子音のない音で瞑想すると、**神**に永遠に入る。

115 深い井戸などの側に立ち、瞬きをせずに深い空洞の空間を見つめなさい。すると心が思考から完全に解放される。そして心は瞬時に溶ける。

116 心が外であれ内であれ、どこに向かっても、至るところにシヴァの形がある。**神**は遍在しているのだから、心はどこに行くというのだろう?

117 どの感覚器官であれ、その感覚を通して気づきが高まっている時はその気づきの状態にいなさい。すると心は溶け、**至高の自己**で満たされるだろう。

118 くしゃみの始まりと終わり、危険や悲しみや嘆き泣いている時、戦場から逃走している時、好奇心にとらわれている時、空腹の始まりと終わり。これらの状態は、**神の状態**に満ちている。

119 身体についての不安を手放し、場所、物体、出来事の光景を思い出しなさい。心を維持させるものはなくなり、**神性**が勢いよく溢れ出す。

120 何か物体を見つめた後、ゆっくりとその視野から退き、それに対する思考と知識から離れていく。おお**女神**よ、その時、**空**《くう》の中にいるだろう。

121 豊かな献身ととらわれない性質から、**神聖なエネルギー**の理解が生まれる。それであり続けなさい。すると、シヴァになる。

122 物体の中は空虚であることを理解しなさい。空虚は、すべての物体の特徴でもある。思考のない心で、その空虚について瞑想しなさい。すると、その物体を認識しても、あるいは存在があるとしても、人は穏やかになる。

123 ほぼ理解を得ていない人々が清《きよ》らかと思うものは、哲学のシャイヴァ体系では清浄でも不浄でもない。二元的思考を超越した者は、完全な幸せを得る。

124 **神**は至るところに存在し、すべてに共通のものである。**神**のほかには、何もない。これを知ると、人は非二元性を得る。

125 **神**はすべてのものを完全に満たしているということは、敵も友人も同じであり、敬意を持つ相手も持てない相手も同じである。この姿勢でいると、喜びが得られる。

126 どんな人、どんな場所に対しても、嫌悪あるいは愛着があってはならない。この両者の真ん中にい続けることによって、嫌悪と愛着の二元性から解放される。すると、至るところに広がっている**神**を経験する。

127 知識の及ばないもの、つかめないもの、非存在を超越しているもの、空《くう》なるもの、これらすべてを**神**と考えなさい。ついには悟りが生まれる。

128 無限でサポートのない、空《くう》の、すべてに浸透している静寂の外的空間に心をじっと向け続けなさい。こうすると、非空間に入る。

129 心がどこに行っていても、その瞬間にその思考を離れなさい。心が思考に落ち着くのを遮ることで、人は思考から解放される。

130 **神**はすべてを生じさせ、すべてのもの、すべての音に浸透している。したがって、**バイラヴァ（神）**という言葉を唱え続けることによって人は**神**になる。

131 「私はこうである」「これは私のものだ」などと主張しているその時に、支えなく存在しているものに心を向けなさい。この瞑想の強制的な力によって、人は**平和**を得る。

132 「無限、遍在、支えなく自立した存在、すべてに浸透している、**全宇宙の主**」。これらの言葉をすべての瞬間において、目的に一致しながら瞑想することにより、その目的は得られる。

133 全宇宙は、本当には実在しない。幻想、魔法のショーのようなものだ。「幻想のどこが実在なのか？」これを固く信じると、平安の中にいられる。

134 **自己**は不変である。その知識や活動はどこにあるのか？　外の存在や物体は知識に依存する。したがって、この世は空《くう》である。

135 束縛も解放も、私は求めない。これらの概念に怯えている人は、水面に映った太陽のように、それを心のイメージとして見ているのだ。

136 快楽、苦痛などはすべて、感覚器官を通して接触する。したがって感覚から自らを切り離し、内を向き、自身の中にとどまりなさい。

137 すべてのものは知る者によって明かされる。**自己**はすべてのものを通して姿を見せる。それらの性質は同一なので、知る者も知らされる者も一つと捉えなさい。

138 心、知性、生命のエネルギー、制限された自己。おお親愛なる者よ、この四つのグループが消えれば、**神**の状態が現れる。

139 おお女神よ、私は112の瞑想を簡潔に描写した。これらを用いれば、人は心を静めることができる。これらの瞑想を知れば、人は賢明になる。

140 これらの実践のうちどれか一つに熟練すれば、人は神と一体になり、自分自身の中に神が生まれるだろう。すると、いかなる取り組みも自らの言葉のみで行うことができる。呪縛や祝福を与える能力が備わるだろう。

141 彼は不死になり、老化から解放される。彼には原子のサイズになる力や、ほかのすべての力が与えられる。おお女神よ、彼はヨギーニ（女性のヨガ行者）が気に入っている人物となり、霊的な集まりのマスターとなる。生きながらして、解放されている。世俗的な活動をしても、それに影響されることはない。

女神は言った。

142 おお神よ、もしこれが至高のエネルギーの性質であるなら、

143 マントラを誰に唱え続けるのでしょう、何を唱えるのでしょう？　おお偉大なる主よ、誰について瞑想するのでしょう、誰を崇めるのでしょう、誰が喜ぶのでしょう？　誰に向かって供え物をしたり、いけにえを捧げるのでしょう？　それはどのように行うのでしょう？

神は言った。

144 おお愛らしい目の者よ、ここにある実践は外的なものであり、物質の形にのみ当てはまるものだ。

145 至高の存在について何度も繰り返す瞑想は、マントラを継続して唱える。瞑想は、マントラという形で自らの中で続く自発的な音を瞑想しなければならない。これこそがマントラ詠唱である。

146 瞑想は強固な集中で、形も支えもない。身体や目、顔、手をもつ想像上の神の像に集中することは、瞑想ではない。

147 花やその他のものを捧げることを、崇拝というのではない。思考を越えた、**至高の空間**にハートをしっかりと固定しなければならない。その愛により、**神**との一体化がある。それこそが崇拝である。

148 ここで述べられた瞑想のうち、一つでも瞑想を確立することができれば日を追うごとに意識の高まりを経験するだろう。そしてやがて、**最高の状態**に到達するであろう。それが、ここでいう充足である。

149 感覚器官や感覚対象などが、心とともに意識という器の中にさし出され、**至高の空**《くう》の火によって溶かされる時、これこそが真の供えものである。

150 おおパールヴァティよ、自分のすべての罪を破壊すると、完全に**至高の存在**に吸収される。そして充足を得る。それは至福と言われている。これが、この体系のいけにえの意味である。

151 **神**と**エネルギー**の一体化。この**至高の状態**が、巡礼地でなければならない。そうでなければ、真の状態において、誰を崇拝し、誰を充足させるというのか？

152 **自己**の本質は、自由と至福と意識から成っている。私たちの制限的な自己を**真我**に浸す、それは沐浴である。

153 崇拝に使う物、あるいは満たすべき**高次または低次の現実**の対象、崇拝者、**神**は、実際はみな同一である。なら、なぜ崇拝するのか？

154 呼吸は自発的に、曲線を描いて出ていき、入ってくる。それによって人はより遠くに、より高く、より低いところへ到達する。**偉大な女神**は、巡礼の至高の地である。

155 この火（**女神**）は**偉大な至福**に満ちている。彼女を追い、彼女の中に安住すると、彼女と完全に一体化する。その時、**女神**を通して、人は**神**を得る。

(a)呼吸が外に出ていく時はSa（サ）の音がし、中に入ってくる時はHa（ハ）の音がする。「ハムサ、ハムサ」。生きものは、このマントラを常に唱え続けている。

156 日夜を通して2万1600回。**女神**を完全に表すこの音を絶え間なく朗唱するのは、簡単なことである。ただ、意識不明の場合のみ困難となる。

157 おお**女神**よ、これらの言葉で私は不死の最高の状態に人を導く至高の教えを説いてきた。この教えは誰にでも伝えられるものではない。

158 特にほかの伝統の弟子や、不道徳で冷酷で師に忠実ではない弟子には伝えてはならない。反対に、疑心をもたない勇敢な者たちには大胆に伝えてもよい。

159 そしてマスターたちの系列に身を捧げる者は、自らの人種、政府、町、国、子供たち、妻、家族――

160 このすべてを放棄せなばならない。おお愛らしい目の者よ、これらの一時的なものに何の意味がある？　そうではなく、おお**女神**よ、永続する至高の宝に導くこの教えをつかまねばならない。

161 生命を放棄したとしても、不死の至高のネクターに至る教えは、それに相応しくない者には与えてはいけない。

女神は言った。

162 私は『ルドラヤマラ・タントラ』の本質と、あらゆる段階の**エネルギー**の本質を完全に理解しました。

おお**神**よ、**神々**の中の**神**よ、**偉大なる神**よ、私は完全に満たされています。

163 喜びに満ち溢れた**女神**はこのように言い、**神**を抱擁した。

《著者紹介》

ランジット・チャウドリ（Ranjit Chaudhri）

ベストセラー作家であり、ヨガとカシミール・シャイヴィズム（カシミール・シヴァ派）の重要なテキストをサンスクリット語から英語に翻訳している。その中には『ヴィギャン・バイラヴァ・タントラ』、『The Shiva Sutras』、『Sounds of Liberation：Spanda Karikas』、『The Yoga Sutras of Patanjali』などがある。彼は、古代のスピリチュアルなテキストの知恵が自己変革につながり、世界をより良い場所にすると信じている。40年以上の経験から得たヨガに関する幅広い知識は、翻訳したテキストが持つ深遠なメッセージを説明し、明確にするのに役立っている。ブランダイス大学とロンドン・スクール・オブ・エコノミクスで学ぶ。現在はコルカタ在住。

《訳者紹介》

喜多理恵子（きた・りえこ）

通訳・翻訳家、瞑想家。専門分野はスピリチュアリティ全領域、ボディワーク、非二元論、心理学。国内をはじめ海外でのワークショップや研修でも通訳を務める。訳書は『早く死ねたらいいね！』（村上りえこ名義）『ホームには誰もいない』（村上りえこ名義）『「人生苦闘ゲーム」からの抜け出し方』『魂の物語』（ともにナチュラルスピリット）、『アセンションミステリー（上）』（Rieko名義）『地球と自分を聖地に変えるあなたへ』『いま最もメジャーな人たちの重大メッセージ』（ともにヒカルランド）など多数。ELM瞑想教師としても活動している。

ヴィギャン・バイラヴァ・タントラ
悟りに至る 112 の瞑想法

●

2025 年 2 月 23 日　初版発行

著者／ランジット・チャウドリ
訳者／喜多理恵子

編集／西島 恵
DTP／山中 央

発行者／今井博揮
発行所／株式会社 ナチュラルスピリット
〒101-0051 東京都千代田区神田神保町 3-2 高橋ビル 2 階
TEL 03-6450-5938　FAX 03-6450-5978
info@naturalspirit.co.jp
https://www.naturalspirit.co.jp/

印刷所／創栄図書印刷株式会社

ISBN978-4-86451-506-1 C0010